Kuchařka z Iberského poloostrova

Tradiční a moderní recepty pro váš kulinářský zážitek

Lucia Torres

OBSAH

- COD AJOARRIERO 25
  - INGREDIENCE 25
  - ZAMĚSTNANOST 25
  - TRIK 25
- DÁŘENÉ sherry 26
  - INGREDIENCE 26
  - ZAMĚSTNANOST 26
  - TRIK 26
- WHOLE I PEBRE MONKFISH S CREATS 27
  - INGREDIENCE 27
  - ZAMĚSTNANOST 28
  - TRIK 28
- VYHOLOVANÉ ŠITÍ 29
  - INGREDIENCE 29
  - ZAMĚSTNANOST 29
  - TRIK 29
- CLAMS MARINERA 30
  - INGREDIENCE 30
  - ZAMĚSTNANOST 30
  - TRIK 31
- TREBKA S PAPRIMEM 32
  - INGREDIENCE 32
  - ZAMĚSTNANOST 32
  - TRIK 32

KUŘECÍ BUBNY SE VŠÍM 33

    INGREDIENCE 33

    ZAMĚSTNANOST 33

    TRIK 33

PEČENÁ KACHNA 34

    INGREDIENCE 34

    ZAMĚSTNANOST 34

    TRIK 35

VILLAROY KUŘECÍ TĚLO 36

    INGREDIENCE 36

    ZAMĚSTNANOST 36

    TRIK 37

KUŘECÍ KORUNKA S CITROVOHOŘČINOVOU OMÁČKOU 38

    INGREDIENCE 38

    ZAMĚSTNANOST 38

    TRIK 39

SMAŽENÁ PINTADA SE ŠVESTKAMI A HOUBAMI 40

    INGREDIENCE 40

    ZAMĚSTNANOST 40

    TRIK 41

VILLAROY kuřecí prsa plněná karamelizovanými PIQUILLOS S MODENSKÝM OCETEM 42

    INGREDIENCE 42

    ZAMĚSTNANOST 42

    TRIK 43

KUŘE PLNĚNÉ SLANINOU, HOUBAMI A SÝREM 44

INGREDIENCE 44

ZAMĚSTNANOST 44

TRIK 45

KUŘE NA SLADKÉM VÍNĚ SE ŠVESTKAMI 46

INGREDIENCE 46

ZAMĚSTNANOST 46

TRIK 47

Oranžová kuřecí prsa s kešu oříšky 48

INGREDIENCE 48

ZAMĚSTNANOST 48

TRIK 48

marinovaná koroptev 49

INGREDIENCE 49

ZAMĚSTNANOST 49

TRIK 49

KOKTEJLOVÉ KUŘE 50

INGREDIENCE 50

ZAMĚSTNANOST 50

TRIK 51

KUŘECÍ KŘÍDLA VE STYLU COCA COLA 52

INGREDIENCE 52

ZAMĚSTNANOST 52

TRIK 52

ČESNEKOVÉ KUŘE 53

INGREDIENCE 53

ZAMĚSTNANOST 53

TRIK	54
CHILINDRÓN KUŘE	55
INGREDIENCE	55
ZAMĚSTNANOST	55
TRIK	56
nakládaná FAZOU A ČERVENÝM OVOCÍM	57
INGREDIENCE	57
ZAMĚSTNANOST	57
TRIK	58
CITRÓNOVÉ KUŘE	59
INGREDIENCE	59
ZAMĚSTNANOST	59
TRIK	59
KUŘE SAN JACOBO SE KOMPOZICÍ SERRANO, CASAR DORTEM A RAKETOU	61
INGREDIENCE	61
ZAMĚSTNANOST	61
TRIK	61
SMAŽENÉ KUŘECÍ KARI	62
INGREDIENCE	62
ZAMĚSTNANOST	62
TRIK	62
KUŘE NA ČERVENÉM VÍNĚ	63
INGREDIENCE	63
ZAMĚSTNANOST	63
TRIK	64

SMAŽENÉ KUŘE S ČERNÝM PIREM 65

    INGREDIENCE 65

    ZAMĚSTNANOST 65

    TRIK 65

ČOKOLÁDA koroptev 67

    INGREDIENCE 67

    ZAMĚSTNANOST 67

    TRIK 68

SMAŽENÉ kalkatské čtvrtky S OMÁČKOU Z ČERVENÉHO OVOCE 69

    INGREDIENCE 69

    ZAMĚSTNANOST 69

    TRIK 70

SMAŽENÉ KUŘE S BROSKYŇOVOU OMÁČKOU 71

    INGREDIENCE 71

    ZAMĚSTNANOST 71

    TRIK 72

KUŘECÍ FILET PLNĚNÝ ŠPENÁTEM A MOZARELLOU 73

    INGREDIENCE 73

    ZAMĚSTNANOST 73

    TRIK 73

SMAŽENÉ KUŘE S CAVA 74

    INGREDIENCE 74

    ZAMĚSTNANOST 74

    TRIK 74

KUŘECÍ KUŘATA S OŘECHOVOU OMÁČKOU 75

INGREDIENCE 75

ZAMĚSTNANOST 75

TRIK 76

KUŘECÍ PEPITORIE 77

INGREDIENCE 77

ZAMĚSTNANOST 77

TRIK 78

ORANŽOVÉ KUŘE 79

INGREDIENCE 79

ZAMĚSTNANOST 79

TRIK 80

KUŘECÍ DUŠENÝ S BARÁŽÍ 81

INGREDIENCE 81

ZAMĚSTNANOST 81

TRIK 82

PEČENÉ KUŘE S OŘECHY A SÓJOU 83

INGREDIENCE 83

ZAMĚSTNANOST 83

TRIK 84

ČOKOLÁDOVÉ KUŘE S KŮRKAMI MANDLÍ 85

INGREDIENCE 85

ZAMĚSTNANOST 85

TRIK 86

JEHNĚČÍ KEBS S PAPRIKOU A HOŘČIČNÝM VINAIGRETEM 87

INGREDIENCE 87

ZAMĚSTNANOST 87

TRIK 88
TELECÍ VLOČKY, PLNĚNÉ V PORTU 89
    INGREDIENCE 89
    ZAMĚSTNANOST 89
    TRIK 90
MADRILEÑA 91
    INGREDIENCE 91
    ZAMĚSTNANOST 92
    TRIK 92
OŘECHOVÉ KOLÍČKY S ČOKOLÁDOU 93
    INGREDIENCE 93
    ZAMĚSTNANOST 93
    TRIK 94
KONFITOVÝ VEPŘOVÝ KOLÁČ SE SLADKOU VÍNNOU OMÁČKOU 95
    INGREDIENCE 95
    ZAMĚSTNANOST 95
    TRIK 96
KRÁLÍK S MARCEM 97
    INGREDIENCE 97
    ZAMĚSTNANOST 97
    TRIK 98
MASOVÉ KULIČKY V PEPITORIA OŘÍŠKOVÉ OMÁČCE 99
    INGREDIENCE 99
    ZAMĚSTNANOST 100
    TRIK 100

TELECÍ KOKULE S ČERNÝM PIREM 101
    INGREDIENCE 101
    ZAMĚSTNANOST 101
    TRIK 102
CESTY DO MADRILEÑA 103
    INGREDIENCE 103
    ZAMĚSTNANOST 103
    TRIK 104
SMAŽENÁ VEPŘOVÁ kýta S JABLKEM A MÁTOU 105
    INGREDIENCE 105
    ZAMĚSTNANOST 105
    TRIK 106
KUŘECÍ KULIČKY S MALINOVOU OMÁČKOU 107
    INGREDIENCE 107
    ZAMĚSTNANOST 108
    TRIK 108
DUŠENÉ JEHNĚČÍ 109
    INGREDIENCE 109
    ZAMĚSTNANOST 109
    TRIK 110
CIVET ZAJÍC 111
    INGREDIENCE 111
    ZAMĚSTNANOST 111
    TRIK 112
KRÁLÍK S PIPERRADOU 113
    INGREDIENCE 113

ZAMĚSTNANOST	113
TRIK	113

KUŘECÍ KNOFLÍKY PLNĚNÉ SÝREM S KARI OMÁČKOU ... 114
    INGREDIENCE 114
    ZAMĚSTNANOST 115
    TRIK 115

VEPŘOVÁ LIČKA NA ČERVENÉM VÍNĚ 116
    INGREDIENCE 116
    ZAMĚSTNANOST 116
    TRIK 117

COCHIFRITO NAVARRE 118
    INGREDIENCE 118
    ZAMĚSTNANOST 118
    TRIK 118

DUŠENÉ HOVĚZÍ S ARAŠÍDOVOU OMÁČKOU 119
    INGREDIENCE 119
    ZAMĚSTNANOST 119
    TRIK 120

PEČENÉ PRASE 121
    INGREDIENCE 121
    ZAMĚSTNANOST 121
    TRIK 121

SMAŽENÉ ZELÍ 122
    INGREDIENCE 122
    ZAMĚSTNANOST 122
    TRIK 122

KOKTEJL Z KRÁLÍKA 123

    INGREDIENCE 123

    ZAMĚSTNANOST 123

    TRIK 124

TELECÍ ESKALOPE MADRILEÑA 125

    INGREDIENCE 125

    ZAMĚSTNANOST 125

    TRIK 125

ZAJÍCÍ DUŠENÝ S HOUBAMI 126

    INGREDIENCE 126

    ZAMĚSTNANOST 126

    TRIK 127

iberská vepřová žebírka S BÍLÝM VÍNEM A MEDEM 128

    INGREDIENCE 128

    ZAMĚSTNANOST 128

    TRIK 128

ČOKOLÁDOVÉ HRUŠKY S PAPRÍKEM 130

    INGREDIENCE 130

    ZAMĚSTNANOST 130

    TRIK 130

TŘI ČOKOLÁDOVÝ DORT SE SUŠENKOU 131

    INGREDIENCE 131

    ZAMĚSTNANOST 131

    TRIK 132

ŠVÝCARSKÝ MARING 133

    INGREDIENCE 133

ZAMĚSTNANOST 133

TRIK 133

LÍSKOVÉ KRÉMY S BANÁNEM 134

    INGREDIENCE 134

    ZAMĚSTNANOST 134

    TRIK 135

CITRONOVÝ DORT S ČOKOLÁDOVÝM ZÁKLADEM 136

    INGREDIENCE 136

    ZAMĚSTNANOST 136

    TRIK 137

VYŠETŘOVÁNÍ 138

    INGREDIENCE 138

    ZAMĚSTNANOST 138

    TRIK 139

INTXAURSALSA (ořechový krém) 140

    INGREDIENCE 140

    ZAMĚSTNANOST 140

    TRIK 140

MERENGUED MLÉKO 141

    INGREDIENCE 141

    ZAMĚSTNANOST 141

    TRIK 141

KOČIČÍ JAZYKY 142

    INGREDIENCE 142

    ZAMĚSTNANOST 142

    TRIK 142

ORANŽOVÉ ČEPICE 142
    INGREDIENCE 143
    ZAMĚSTNANOST 143
    TRIK...143

PEČENÁ JABLKA S PORTSKÝM 144
    INGREDIENCE 144
    ZAMĚSTNANOST 144
    TRIK...144

VAŘENÉ MARINGO 145
    INGREDIENCE 145
    ZAMĚSTNANOST 145
    TRIK...145

KRAUTIŠKA..146
    INGREDIENCE 146
    ZAMĚSTNANOST 146
    TRIK...146

FIALOVÉ CANDY PANNA COTTA 146
    INGREDIENCE 147
    ZAMĚSTNANOST 147
    TRIK...147

CITRUSOVÉ COOKIES 148
    INGREDIENCE 148
    ZAMĚSTNANOST 148
    TRIK...149

MANGO PASTA..150
    INGREDIENCE 150

ZAMĚSTNANOST 150

TRIK 150

JOGURTOVÝ DORT 151

INGREDIENCE 151

ZAMĚSTNANOST 151

TRIK 151

ROZMARÝNOVÝ BANÁNOVÝ KOMPOT 152

INGREDIENCE 152

ZAMĚSTNANOST 152

TRIK 152

ZAHRADA 153

INGREDIENCE 153

ZAMĚSTNANOST 153

TRIK 153

CIKÁNSKÁ RUKA ZALOŽENÁ GREETINIM 154

INGREDIENCE 154

ZAMĚSTNANOST 154

TRIK 154

EGG FLAN 155

INGREDIENCE 155

ZAMĚSTNANOSI 155

TRIK 155

CAVA ŽELÉ S JAHODAMI 156

INGREDIENCE 156

ZAMĚSTNANOST 156

TRIK 156

FRITTERS 157
    INGREDIENCE 157
    ZAMĚSTNANOST 157
    TRIK 157

SAN JUAN COCA 158
    INGREDIENCE 158
    ZAMĚSTNANOST 158

BOLOŇSKÁ OMÁČKA 159
    INGREDIENCE 159
    ZAMĚSTNANOST 159
    TRIK 160

BÍLÝ VÝvar (KUŘECÍ NEBO TELECÍ) 161
    INGREDIENCE 161
    ZAMĚSTNANOST 161
    TRIK 161

ulita RAJČOVÁ 162
    INGREDIENCE 162
    ZAMĚSTNANOST 162
    TRIK 162

ROBERTOVA OMÁČKA 163
    INGREDIENCE 163
    ZAMĚSTNANOST 163
    TRIK 163

RŮŽOVÁ OMÁČKA 164
    INGREDIENCE 164
    ZAMĚSTNANOST 164

TRIK 164
PROPAGACE RYB 165
    INGREDIENCE 165
    ZAMĚSTNANOST 165
    TRIK 165
NĚMECKÁ OMÁČKA 166
    INGREDIENCE 166
    ZAMĚSTNANOST 166
    TRIK 166
STATEČNÁ OMÁČKA 167
    INGREDIENCE 167
    ZAMĚSTNANOST 167
    TRIK 168
Tmavý vývar (kuřecí NEBO HOVĚZÍ) 169
    INGREDIENCE 169
    ZAMĚSTNANOST 169
    TRIK 170
PICON MOJO 171
    INGREDIENCE 171
    ZAMĚSTNANOST 171
    TRIK 171
PESTO OMÁČKA 172
    INGREDIENCE 172
    ZAMĚSTNANOST 172
    TRIK 172
SLADKOKYSLÁ OMÁČKA 173

INGREDIENCE 173

ZAMĚSTNANOST 173

TRIK 173

ZELENÉ MOJITO 174

INGREDIENCE 174

ZAMĚSTNANOST 174

TRIK 174

BESAMELOVÁ OMÁČKA 175

INGREDIENCE 175

ZAMĚSTNANOST 175

TRIK 175

MYSLIVECKÁ OMÁČKA 176

INGREDIENCE 176

ZAMĚSTNANOST 176

TRIK 176

AIOLI OMÁČKA 177

INGREDIENCE 177

ZAMĚSTNANOST 177

TRIK 177

AMERICKÁ OMÁČKA 178

INGREDIENCE 178

ZAMĚSTNANOST 178

TRIK 179

DAWN OMÁČKA 180

INGREDIENCE 180

ZAMĚSTNANOST 180

TRIK	180
GRILOVACÍ OMÁČKA	181
INGREDIENCE	181
ZAMĚSTNANOST	181
TRIK	182
BEARNAISOVÁ OMÁČKA	183
INGREDIENCE	183
ZAMĚSTNANOST	183
TRIK	183
CARBONARA OMÁČKA	185
INGREDIENCE	185
ZAMĚSTNANOST	185
TRIK	185
OMÁČKA CHARCUTERA	186
INGREDIENCE	186
ZAMĚSTNANOST	186
TRIK	186
CUMBERLANDSKÁ OMÁČKA	187
INGREDIENCE	187
ZAMĚSTNANOST	187
TRIK	188
KARI OMÁČKA	189
INGREDIENCE	189
ZAMĚSTNANOST	189
TRIK	190
ČESNEKOVÁ OMÁČKA	191

INGREDIENCE 191

ZAMĚSTNANOST 191

TRIK 191

HROZNOVÁ OMÁČKA 192

INGREDIENCE 192

ZAMĚSTNANOST 192

TRIK 192

JOMOČNÁ OMÁČKA 193

INGREDIENCE 193

ZAMĚSTNANOST 193

TRIK 193

KEČUP 194

INGREDIENCE 194

ZAMĚSTNANOST 194

TRIK 195

VINNÁ OMÁČKA PEDRO XIMENEZ 196

INGREDIENCE 196

ZAMĚSTNANOST 196

TRIK 196

KRÉMOVÁ OMÁČKA 197

INGREDIENCE 197

ZAMĚSTNANOST 197

TRIK 197

MAJONÉZOVÁ OMÁČKA 198

INGREDIENCE 198

ZAMĚSTNANOST 198

TRIK 198
JOGURTOVÁ A KAPSOVÁ OMÁČKA 199
    INGREDIENCE 199
    ZAMĚSTNANOST 199
    TRIK 199
ČERTOVA OMÁČKA 200
    INGREDIENCE 200
    ZAMĚSTNANOST 200
    TRIK 200
ŠPANĚLSKÁ OMÁČKA 201
    INGREDIENCE 201
    ZAMĚSTNANOST 201
    TRIK 201
HOLANDSKÁ OMÁČKA 202
    INGREDIENCE 202
    ZAMĚSTNANOST 202
    TRIK 202
ITALSKÉ ODĚVY 203
    INGREDIENCE 203
    ZAMĚSTNANOST 203
    TRIK 204
PĚNOVÁ OMÁČKA 205
    INGREDIENCE 205
    ZAMĚSTNANOST 205
    TRIK 205
REMOULÁDOVÁ OMÁČKA 206

INGREDIENCE 206

ZAMĚSTNANOST 206

TRIK 206

BIZKAINOVÁ OMÁČKA 207

INGREDIENCE 207

ZAMĚSTNANOST 207

TRIK 207

ČERVENÁ OMÁČKA 208

INGREDIENCE 208

ZAMĚSTNANOST 208

TRIK 208

MORNAY OMÁČKA 209

INGREDIENCE 209

ZAMĚSTNANOST 209

TRIK 209

OMÁČKA ROMESCO 210

INGREDIENCE 210

ZAMĚSTNANOST 210

TRIK 211

SOUBISE OMÁČKA 212

INGREDIENCE 212

ZAMĚSTNANOST 212

TRIK 212

TATARSKÁ OMÁČKA 213

INGREDIENCE 213

ZAMĚSTNANOST 213

    TRIK 213
IRSKÉ OMÁČKY 214
    INGREDIENCE 214
    ZAMĚSTNANOST 214
    TRIK 214
ZELENINOVÁ POLÉVKA 215
    INGREDIENCE 215
    ZAMĚSTNANOST 215
    TRIK 215

COD AJOARRIERO

INGREDIENCE

400 g drcené nesolené tresky

2 polévkové lžíce hydratované chorizo papriky

2 lžíce rajčatové omáčky

1 zelená paprika

1 červená paprika

1 stroužek česneku

1 cibule

1 chilli papričky

Olivový olej

Sůl

ZAMĚSTNANOST

Zeleninu orestujeme a dusíme na středně mírném ohni do měkka. Do soli.

Přidejte lžíce chorizo papriky, rajčatovou omáčku a chilli. Přidejte nakrájenou tresku a vařte 2 minuty.

TRIK

Toto je perfektní náplň pro lahodnou empanadu.

DÁŘENÉ sherry

INGREDIENCE

750 g kohoutů

600 ml sherry vína

1 bobkový list

1 stroužek česneku

1 citron

2 lžíce olivového oleje

Sůl

ZAMĚSTNANOST

Vyčistěte si bolest srdce.

Na rozpálenou pánev přidejte 2 lžíce oleje a zlehka orestujte nasekaný česnek.

Ihned přidejte krekry, víno, bobkové listy, citron a sůl. Zakryjte a vařte, dokud se neotevře.

Podávejte kohouty s jejich omáčkou.

TRIK

Čištění zahrnuje ponoření mlžů do studené vody s velkým množstvím soli, aby se odstranil veškerý písek a nečistoty.

WHOLE I PEBRE MONKFISH S CREATS

INGREDIENCE

Kvůli rybímu vývaru

15 hlav a těl krevet

1 čertův ocas nebo hlava síha nebo 2 kosti

Kečup

1 jarní cibulka

1 pár

Sůl

pro guláš

1 velký ocas ďasa (nebo 2 malé)

těla krevet

1 lžíce sladké papriky

8 stroužků česneku

4 velké brambory

3 krajíce chleba

1 kajenský pepř

neloupané mandle

Olivový olej

Sůl a pepř

ZAMĚSTNANOST

Kvůli rybímu vývaru

Vařte rybí vývar a přitom smažte těla krevet a rajčatovou omáčku. Přidejte kosti nebo hlavu ďasa a nakrájenou zeleninu. Zalijte vodou a vařte 20 minut. Sceďte a dochuťte solí.

pro guláš

Na pánvi orestujte nekrájený česnek. Odebrat a rezervovat. Na stejném oleji orestujte mandle. Odebrat a rezervovat.

Na stejném oleji opečte chléb. Ústraní.

V hmoždíři rozdrťte česnek, hrst celých neloupaných mandlí, plátky chleba a kajenský pepř.

Na česnekovém oleji zlehka orestujte papriku, dejte pozor, aby se nepřipálila, a přidejte ji do vývaru.

Přidáme opečené brambory a vaříme do měkka. Přidejte ochuceného ďasa a vařte 3 minuty. Přidejte rozmačkané krevety a vařte další 2 minuty, dokud omáčka nezhoustne. Dochutíme solí a podáváme horké.

TRIK

Použijte jen tolik kouře, abyste zakryli brambory. Nejběžnější rybou používanou v tomto receptu je úhoř, ale může být vyroben s jakoukoli masitou rybou, jako je kambala nebo úhoř.

VYHOLOVANÉ ŠITÍ

INGREDIENCE

1 cejn očištěn, vykuchán a odvápněn

25 g strouhanky

2 stroužky česneku

1 chilli papričка

Ocet

Olivový olej

Sůl

ZAMĚSTNANOST

Osolte a potřete olejem zevnitř i zvenku. Navrch posypeme strouhankou a pečeme při 180 °C 25 minut.

Mezitím na středním plameni orestujte nakrájený česnek a chilli. Sundejte z ohně kapku octa a natřete cejna touto omáčkou.

TRIK

Kování provádí řezy po celé šířce ryby, aby se uvařila rychleji.

CLAMS MARINERA

INGREDIENCE

1 kg škeblí

1 malá sklenka bílého vína

1 polévková lžíce mouky

2 stroužky česneku

1 malé rajče

1 cibule

½ pálivé papriky

potravinářské barvivo nebo šafrán (volitelné)

Olivový olej

Sůl

ZAMĚSTNANOST

Namočte škeble na několik hodin do studené vody s velkým množstvím soli, abyste odstranili případné zbytky zeminy.

Po očištění uvaříme škeble ve víně a ¼ l vody. Jakmile se otevřou, vyjměte a rezervujte tekutinu.

Cibuli, česnek a rajčata nakrájíme na malé kousky a orestujeme na trošce oleje. Přidejte chilli a vařte, dokud se dobře neuvaří.

Přidáme lžíci mouky a vaříme další 2 minuty. Opláchněte vodou získanou z vroucích škeblí. Vařte 10 minut a přidejte sůl. Přidejte škeble a vařte další minutu. Nyní přidejte barvivo nebo šafrán.

TRIK

Bílé víno lze nahradit sladkým vínem. Omáčka je velmi dobrá.

TREBKA S PAPRIMEM

INGREDIENCE

4 nebo 5 nesolených filetů z tresky

4 stroužky česneku

1 chilli papričky

½ litru olivového oleje

ZAMĚSTNANOST

Na olivovém oleji na mírném ohni orestujte česnek a chilli. Vyjměte je a nechte olej trochu vypustit.

Položte filet z tresky kůží nahoru a vařte 1 minutu na mírném ohni. Otočte a nechte další 3 minuty. Důležité je, aby se vařil na oleji a ne smažil.

Tresku vyjmeme, olej postupně sléváme, až zbude jen bílá hmota, kterou uvolňuje treska (želatina).

Sundejte z plotny a pár tahy nebo krouživými pohyby prošlehejte cedníkem, postupně přilévejte scezený olej. Sbírejte dužinu po dobu 10 minut bez zastavení míchání.

Po dokončení přidejte tresku zpět a míchejte další minutu.

TRIK

Chcete-li tomu dát jiný tón, přidejte do oleje, kde se treska smaží, kost šunky nebo nějaké aromatické bylinky.

KUŘECÍ BUBNY SE VŠÍM

INGREDIENCE

12 kuřecích stehen

200 ml smetany

150 ml whisky

100 ml kuřecího vývaru

3 žloutky

1 jarní cibulka

Mouka

Olivový olej

Sůl a pepř

ZAMĚSTNANOST

Kuřecí stehna okořeníme, moukou a orestujeme. Odebrat a rezervovat.

Na stejném oleji opékejte 5 minut nadrobno nakrájenou cibuli. Přidejte whisky a flambujte (musí být odstraněna digestoř). Zalijeme smetanou a vývarem. Znovu přidejte kuře a vařte 20 minut na mírném ohni.

Sundejte z plotny, přidejte žloutky a opatrně míchejte, aby omáčka trochu zhoustla. V případě potřeby dochuťte solí a pepřem.

TRIK

Whisky lze nahradit naším oblíbeným alkoholickým nápojem.

PEČENÁ KACHNA

INGREDIENCE

1 čistá kachna

1 litr kuřecího vývaru

4 dl sójové omáčky

3 lžíce medu

2 stroužky česneku

1 malá cibule

1 kajenský pepř

čerstvý zázvor

Olivový olej

Sůl a pepř

ZAMĚSTNANOST

V misce smícháme kuřecí vývar, sóju, nastrouhaný česnek, nadrobno nakrájený kajenský pepř a cibuli, med, kousek nastrouhaného zázvoru a pepř. V této směsi kachnu marinujte 1 hodinu.

Vyjměte z marinády a položte na plech s polovinou marinády. Pečeme na 200 stupňů 10 minut z každé strany. Neustále mokrý kartáč.

Snižte troubu na 180ºC a pečte dalších 18 minut z každé strany (každých 5 minut natírejte štětcem).

Vyjměte a rezervujte kachnu a zredukujte omáčku na polovinu v hrnci na středním ohni.

TRIK

Nejprve uvařte ptáčky prsy dolů, budou méně suché a šťavnatější.

VILLAROY KUŘECÍ TĚLO

INGREDIENCE

1 kg kuřecích prsou

2 mrkve

2 tyčinky celeru

1 cibule

1 pár

1 tuřín

Mouka, vejce a strouhanka (na obalování)

Pro bešamel

1 litr mléka

100 g másla

100 g mouky

mletý muškátový oříšek

Sůl a pepř

ZAMĚSTNANOST

Veškerou čistou zeleninu vařte ve 2 litrech vody (ze studené) 45 minut.

Mezitím si připravte bešamel tak, že na másle na středně mírném ohni osmahnete mouku po dobu 5 minut. Poté zalijeme mlékem a promícháme. Okořeníme a přidáme muškátový oříšek. Vařte 10 minut na mírném ohni za stálého míchání.

Vývar přecedíme a prsa (celá nebo filet) v něm vaříme 15 minut. Vyndejte je a nechte vychladnout. Prsa dobře potřeme bešamelovou omáčkou a dáme do lednice. Po vychladnutí obalujeme v mouce, poté ve vejci a nakonec ve strouhance. Smažíme na hojném množství oleje a podáváme horké.

TRIK

Z vývaru a rozmačkané zeleniny můžete vyrobit jedinečný krém.

KUŘECÍ KORUNKA S CITROVOHOŘČINOVOU OMÁČKOU

INGREDIENCE

4 kuřecí prsa

250 ml smetany

3 lžíce brandy

3 lžíce hořčice

1 polévková lžíce mouky

2 stroužky česneku

1 citron

½ jarní cibulky

Olivový olej

Sůl a pepř

ZAMĚSTNANOST

Prsa nakrájená na pravidelné kousky osolíme a opečeme na troše oleje. Rezervovat.

Na stejném oleji orestujeme cibuli a nadrobno nakrájený česnek. Přidejte mouku a vařte 1 min. Zalijeme brandy, dokud se neodpaří, přidáme smetanu, 3 lžíce citronové šťávy a její kůru, hořčici a sůl. Omáčku vařte 5 minut.

Přidejte kuře zpět a vařte na mírném ohni dalších 5 minut.

TRIK

Před vylisováním šťávy nejprve nastrouhejte citron. Abyste ušetřili peníze, může být také místo prsou vyrobeno z kuřecího masa.

SMAŽENÁ PINTADA SE ŠVESTKAMI A HOUBAMI

INGREDIENCE

1 malovaný

250 g hub

200 ml port

¼ litru kuřecího vývaru

15 vypeckovaných švestek

1 stroužek česneku

1 lžička mouky

Olivový olej

Sůl a pepř

ZAMĚSTNANOST

Dochuťte solí a pepřem a pečte perličku spolu se švestkami 40 minut při 175ºC. V polovině vaření otočte. Po uplynutí času vyjměte šťávu a rezervujte.

V hrnci 1 minutu smažíme 2 lžíce oleje a mouky. Zalijeme vínem a necháme zredukovat na polovinu. Zalijeme steakovou šťávou a vývarem. Vařte 5 minut bez zastavení, aby se míchal.

Samostatně podusíme houby na troše mletého česneku, přidáme do omáčky a přivedeme k varu. Perličku podáváme s omáčkou.

TRIK

Při zvláštních příležitostech můžete perličku naplnit jablkem, foie gras, mletým masem a sušeným ovocem.

 AVES

VILLAROY kuřecí prsa plněná karamelizovanými PIQUILLOS S MODENSKÝM OCETEM

INGREDIENCE

4 kuřecí prsní řízky

100 g másla

100 g mouky

1 litr mléka

1 plechovka piquillových papriček

1 sklenice modenského octa

½ šálku cukru

Muškátový oříšek

Vejce a strouhanka (na potření)

Olivový olej

Sůl a pepř

ZAMĚSTNANOST

Smažte máslo a mouku na mírném ohni po dobu 10 minut. Poté zalijeme mlékem a za stálého míchání vaříme 20 minut. Okořeníme a přidáme muškátový oříšek. Nechte vychladnout.

Mezitím zkaramelizujte papriky s octem a cukrem, dokud ocet nezačne (jen nezačne) houstnout.

Filet okoříme a naplníme piquillem. Prsa zabalte do potravinářské fólie, jako by to bylo hodně tvrdé cukroví, uzavřete a vařte ve vodě 15 minut.

Upečené potřeme ze všech stran bešamelem a potřeme rozšlehaným vejcem a strouhankou. Smažíme ve velkém množství oleje.

TRIK

Přidáme-li do mouky na bešamel pár lžic kari, dostaneme jiný a velmi bohatý výsledek.

KUŘE PLNĚNÉ SLANINOU, HOUBAMI A SÝREM

INGREDIENCE

4 kuřecí prsní řízky

100 g hub

4 plátky uzené slaniny

2 lžíce hořčice

6 lžic smetany

1 cibule

1 stroužek česneku

nakrájený sýr

Olivový olej

Sůl a pepř

ZAMĚSTNANOST

Kuřecí řízek okoříme. Houby očistíme a nakrájíme na čtvrtky.

Slaninu orestujeme a na prudkém ohni osmahneme nakrájené houby s česnekem.

Filety naplňte slaninou, sýrem a houbami a dokonale je uzavřete potravinářskou fólií, jako by to byly cukroví. Vařte 10 minut ve vroucí vodě. Odstraňte film a filet.

Z druhé strany zpěníme cibuli nakrájenou na drobno, přidáme smetanu a hořčici, povaříme 2 minuty a promícháme. Omáčka na kuře

TRIK

Průhledná fólie udržuje vysokou teplotu a nedodává potravinám žádnou chuť.

KUŘE NA SLADKÉM VÍNĚ SE ŠVESTKAMI

INGREDIENCE

1 velké kuře

100 g vypeckovaných švestek

½ litru kuřecího vývaru

½ láhve sladkého vína

1 jarní cibulka

2 mrkve

1 stroužek česneku

1 polévková lžíce mouky

Olivový olej

Sůl a pepř

ZAMĚSTNANOST

Kuřecí kousky okořeníme a orestujeme ve velmi rozpáleném hrnci s olejem. Vyjměte a rezervujte.

Na stejném oleji orestujeme cibuli, česnek a nadrobno nakrájenou mrkev. Když je zelenina dobře uvařená, přidáme mouku a ještě min.

Zalijte sladkým vínem a zvyšujte teplotu, dokud se téměř úplně nesníží. Zvlhčete vývarem a přidejte zpět kuřecí maso a sušené švestky.

Pečte asi 15 minut nebo dokud kuře nezměkne. Vyjměte kuře a promíchejte omáčku. Dochutíme solí.

TRIK

Pokud do nakrájené omáčky přidáte trochu studeného másla a rozšleháte ji metličkou, zhoustne a bude lesklá.

Oranžová kuřecí prsa s kešu oříšky

INGREDIENCE

4 kuřecí prsa

75 g kešu oříšků

2 sklenice čerstvé pomerančové šťávy

4 lžíce medu

2 polévkové lžíce Cointreau

Mouka

Olivový olej

Sůl a pepř

ZAMĚSTNANOST

Prsa ochutíme kořením a moukou. Opečte je na oleji, vyndejte a dejte pryč.

Pomerančový džus s Cointreau a medem povařte 5 minut. Do omáčky přidejte prsa a na mírném ohni vařte 8 minut.

Podávejte s omáčkou a kešu navrch.

TRIK

Dalším způsobem, jak udělat dobrou pomerančovou omáčku, je začít s karamelem, který není příliš tmavý, a přidat přírodní pomerančovou šťávu.

marinovaná koroptev

INGREDIENCE

4 koroptve

300 g cibule

200 g mrkve

2 sklenice bílého vína

1 hlava česneku

1 bobkový list

1 sklenici octa

1 sklenici oleje

sůl a 10 pepř

ZAMĚSTNANOST

Koroptve okořeníme a smažíme na prudkém ohni. Odebrat a rezervovat.

Na stejném oleji orestujte mrkev a cibuli. Když je zelenina měkká, přidejte víno, ocet, kuličky pepře, sůl, česnek a bobkový list. Dusíme 10 min.

Koroptev vložíme zpět a na mírném ohni vaříme dalších 10 minut.

TRIK

Aby marinované maso nebo ryba získaly více chuti, je lepší je nechat alespoň 24 hodin odležet.

KOKTEJLOVÉ KUŘE

INGREDIENCE

1 nakrájené kuře

50 g nakrájených žampionů

½ litru kuřecího vývaru

1 sklenka bílého vína

4 strouhaná rajčata

2 mrkve

2 stroužky česneku

1 pár

½ cibule

1 svazek aromatických bylinek (tymián, rozmarýn, bobkový list...)

Olivový olej

Sůl a pepř

ZAMĚSTNANOST

Kuře osolte a opečte ve velmi rozpáleném hrnci na troše oleje. Vyjměte a rezervujte.

Na stejném oleji orestujte na kostičky nakrájenou mrkev, česnek, pórek a cibuli. Poté přidejte nastrouhaná rajčata. Dusíme, dokud rajče neztratí vodu. Vložte kuře zpět.

Samostatně orestujte houby a přidejte je také do dušeného masa. Napusťte si vanu se sklenkou vína a nechte ji dojít.

Zalijeme vývarem a přidáme aromatické bylinky. Vařte, dokud kuře nezměkne. Upravte sůl.

TRIK

Toto jídlo lze připravit z krůty a dokonce i z králíka.

KUŘECÍ KŘÍDLA VE STYLU COCA COLA

INGREDIENCE

1 kg kuřecích křídel

½ litru Coca-Coly

4 lžíce hnědého cukru

2 lžíce sojové omáčky

1 zarovnaná lžíce oregana

½ citronu

Sůl a pepř

ZAMĚSTNANOST

Do hrnce přidejte Coca-Colu, cukr, sóju, oregano a šťávu z ½ citronu a vařte 2 minuty.

Křídla rozpůlíme a dochutíme solí. Pečeme při 160 ºC do zhnědnutí. Mezitím nalijte polovinu omáčky a otočte křídla. Otočte je každých 20 minut.

Když je omáčka téměř zredukovaná, přidejte druhou stranu a pokračujte ve vaření, dokud omáčka nezhoustne.

TRIK

Při výrobě omáčky přidání snítky vanilky zlepší chuť a dodá jí jedinečný pocit.

ČESNEKOVÉ KUŘE

INGREDIENCE

1 nakrájené kuře

8 stroužků česneku

1 sklenka bílého vína

1 polévková lžíce mouky

1 kajenský pepř

Ocet

Olivový olej

Sůl a pepř

ZAMĚSTNANOST

Kuře okoříme a dobře opečeme. Uložte a nechte olej vychladnout.

Stroužky česneku nakrájejte na kostičky a rozmačkejte (smažte na oleji, nesmažte) česnek a kajenský pepř, aby se nezbarvily.

Opláchněte vínem a nechte zredukovat, dokud nebude mít určitou tloušťku, ale není suchá.

Poté přidejte kuře a navrch trochu mouky. Promícháme (zkontrolujeme, zda se česnek na kuře lepí, pokud ne, přidáme ještě trochu mouky, až se trochu spojí).

Přikryjeme a občas promícháme. Vařte 20 minut na mírném ohni. Zakončete troškou octa a vařte další 1 minutu.

TRIK

Kuřecí guláš je nutností. Musí být na velmi vysoké teplotě, aby zůstala zvenčí zlatavá a uvnitř šťavnatá.

CHILINDRÓN KUŘE

INGREDIENCE

1 malé kuře, nakrájené na kostičky

350 g nakrájené šunky Serrano

1 plechovka 800 g šťouchaných rajčat

1 velká červená paprika

1 velká zelená paprika

1 velká cibule

2 stroužky česneku

Tymián

1 sklenka bílého nebo červeného vína

cukr

Olivový olej

Sůl a pepř

ZAMĚSTNANOST

Kuře okořeňte a vařte na prudkém ohni. Vyjměte a rezervujte.

Na stejném oleji orestujeme papriku, česnek a cibuli nakrájenou na střední kousky. Když je zelenina dobře opečená, přidáme šunku a dusíme dalších 10 minut.

Vložíme zpět kuře a podlijeme vínem. Nechte 5 minut na vysoké teplotě a přidejte rajčata a tymián. Snižte teplotu a vařte dalších 30 minut. Upravte sůl a cukr.

TRIK

Stejný recept lze udělat s masovými kuličkami. Na talíři nezůstane nic!

nakládaná FAZOU A ČERVENÝM OVOCÍM

INGREDIENCE

4 křepelky

150 g červeného ovoce

1 sklenici octa

2 sklenice bílého vína

1 mrkev

1 pár

1 stroužek česneku

1 bobkový list

Mouka

1 sklenici oleje

Sůl a pepř

ZAMĚSTNANOST

Křepelku přisypeme, okoříníme a orestujeme v hrnci. Vyjměte a rezervujte.

Na stejném oleji orestujte nakrájenou mrkev a pórek a nakrájený česnek. Když je zelenina měkká, přidejte olej, ocet a víno.

Přidejte bobkový list a pepř. Dochuťte solí a 10 minut povařte spolu s červeným ovocem.

Přidejte křepelku a vařte dalších 10 minut do změknutí. Necháme stát přikryté před teplem.

TRIK

Tato marináda je spolu s křepelčím masem výborným dresinkem a doplňkem dobrého vydatného salátu.

CITRÓNOVÉ KUŘE

INGREDIENCE

1 kuře

30 g cukru

25 g másla

1 litr kuřecího vývaru

1 dl bílého vína

Šťáva ze 3 citronů

1 cibule

1 pár

Olivový olej

Sůl a pepř

ZAMĚSTNANOST

Kuřecí maso nakrájíme a okořeníme. Opečte na vysoké teplotě a vyjměte.

Cibuli oloupeme, pórek očistíme a nakrájíme na proužky. Zeleninu orestujte na stejném oleji jako kuře. Zalijte vínem a nechte zredukovat.

Přidejte citronovou šťávu, cukr a vývar. Vařte 5 minut a přidejte zpět kuře. Vařte na mírném ohni dalších 30 minut. Dochuťte solí a pepřem.

TRIK

Aby byla omáčka jemnější a bez kousků zeleniny, je lepší ji rozmačkat.

KUŘE SAN JACOBO SE KOMPOZICÍ SERRANO, CASAR DORTEM A RAKETOU

INGREDIENCE

8 tenkých kuřecích řízků

150 g koláče Casar

100 g rukoly

4 plátky šunky serrano

Mouka, vejce a cereálie (na obalování)

Olivový olej

Sůl a pepř

ZAMĚSTNANOST

Kuřecí řízek okořeníme a zasypeme sýrem. Na jednu z nich položte rukolu a šunku Serrano a navrch druhou zavřete. Udělejte to samé se zbytkem.

Zalijeme je moukou, rozšlehaným vejcem a rozdrcenými vločkami. Smažíme v hojně rozehřátém oleji 3 minuty.

TRIK

Může být doplněn drceným popcornem, kikos a dokonce i žížalami. Výsledek je velmi vtipný.

SMAŽENÉ KUŘECÍ KARI

INGREDIENCE

4 kuřecí stehna (na osobu)

1 litr smetany

1 cibule nebo cibule

2 lžíce kari

4 přírodní jogurty

Sůl

ZAMĚSTNANOST

Cibuli nakrájíme na drobno a v míse smícháme s jogurtem, smetanou a kari. Dochutíme solí.

Kuřecí maso nakrájejte a 24 hodin marinujte v jogurtové omáčce.

Pečeme při 180°C 90 minut, kuře vyjmeme a podáváme s našlehanou omáčkou.

TRIK

Pokud omáčka zbude, můžete z ní udělat výborné karbanátky.

KUŘE NA ČERVENÉM VÍNĚ

INGREDIENCE

1 nakrájené kuře

½ litru červeného vína

1 snítka rozmarýnu

1 snítka tymiánu

2 stroužky česneku

2 páry

1 červená paprika

1 mrkev

1 cibule

Kuřecí polévka

Mouka

Olivový olej

Sůl a pepř

ZAMĚSTNANOST

Kuře osolte a opečte na velmi rozpálené pánvi. Vyjměte a rezervujte.

Zeleninu nakrájíme na malé kousky a orestujeme na stejném oleji jako kuře.

Vykoupejte ve víně, přidejte aromatické bylinky a vařte asi 10 minut na silném ohni do měkka. Přidejte kuře zpět a podlévejte vývarem, dokud nebude zakryté. Pečte dalších 20 minut nebo dokud maso nezměkne.

TRIK

Pro řidší omáčku bez hrudek omáčku rozmačkejte a preceďte.

SMAŽENÉ KUŘE S ČERNÝM PIREM

INGREDIENCE

4 kuřecí zadky

750 ml tmavého piva

1 lžíce kmínu

1 snítka tymiánu

1 snítka rozmarýnu

2 cibule

3 stroužky česneku

1 mrkev

Sůl a pepř

ZAMĚSTNANOST

Cibuli, mrkev a česnek nakrájíme na julienne. Tymián a rozmarýn dejte na dno pekáče a navrch dejte cibuli, mrkev a česnek; a pak kuřecí nedopalky kůží dolů, ochucené špetkou kmínu. Pečeme při 175 ºC asi 45 minut.

Po 30 minutách podlijeme pivem, otočíme dno a pečeme dalších 45 minut. Když je kuře uvařené, vyjměte ho z podnosu a promíchejte omáčku.

TRIK

Pokud se do steaku vloží 2 nakrájená jablka a rozmačká se se zbytkem omáčky, chutná ještě lépe.

ČOKOLÁDA koroptev

INGREDIENCE

4 koroptve

½ litru kuřecího vývaru

½ sklenice červeného vína

1 snítka rozmarýnu

1 snítka tymiánu

1 jarní cibulka

1 mrkev

1 stroužek česneku

1 strouhané rajče

Čokoláda

Olivový olej

Sůl a pepř

ZAMĚSTNANOST

Okořeňte a orestujte koroptve. Rezervovat.

Na stejném oleji na středním plameni orestujte nadrobno nakrájenou mrkev, česnek a cibuli. Zvyšte teplotu a přidejte rajčata. Vařte, dokud voda nezmizí. Zalijte vínem a nechte téměř úplně zredukovat.

Zalijeme vývarem a přidáme bylinky. Vařte na mírném ohni, dokud koroptve nezměknou. Upravte sůl. Odstraňte z ohně a přidejte čokoládu podle chuti. Odstranit.

TRIK

Můžete přidat kajenský pepř, abyste dodali pokrmu pikantnost, nebo přidat opražené lískové ořechy nebo mandle pro křupání.

SMAŽENÉ kalkatské čtvrtky S OMÁČKOU Z ČERVENÉHO OVOCE

INGREDIENCE

4 krůtí stehýnka

250 g červeného ovoce

½ litru cava

1 snítka tymiánu

1 snítka rozmarýnu

3 stroužky česneku

2 páry

1 mrkev

Olivový olej

Sůl a pepř

ZAMĚSTNANOST

Omyjeme a očistíme pórek, mrkev a česnek. Umístěte tuto zeleninu na pekáč spolu s tymiánem, rozmarýnem a červenými bobulemi.

Navrch položte krůtí čtvrtky, okořeňte kápnou olejem kůží dolů. Pečeme při 175°C 1 hodinu.

Po 30 minutách si udělejte koupel s cava. Maso otočte a pečte dalších 45 minut. Po uplynutí času vyjměte z pouzdra. Omáčku promícháme, přecedíme a dochutíme solí.

TRIK

Krůta je hotová, když se stehna a stehna snadno oddělí.

SMAŽENÉ KUŘE S BROSKYŇOVOU OMÁČKOU

INGREDIENCE

4 kuřecí zadky

½ litru bílého vína

1 snítka tymiánu

1 snítka rozmarýnu

3 stroužky česneku

2 broskve

2 cibule

1 mrkev

Olivový olej

Sůl a pepř

ZAMĚSTNANOST

Cibuli, mrkev a česnek nakrájíme na julienne. Broskve oloupeme, rozpůlíme a zbavíme pecky.

Přidejte tymián a rozmarýn na dno pekáče spolu s mrkví, cibulí a česnekem. Navrch položíme zadní čtvrtku, pokapeme olejem kůží dolů a pečeme při 175°C asi 45 minut.

Po 30 minutách propláchneme bílým vínem, otočíme a vaříme dalších 45 minut. Když je kuře uvařené, vyjměte ho z podnosu a promíchejte omáčku.

TRIK

Do steaku můžete přidat jablka nebo hrušky. Omáčka bude chutnat skvěle.

KUŘECÍ FILET PLNĚNÝ ŠPENÁTEM A MOZARELLOU

INGREDIENCE

8 tenkých kuřecích řízků

200 g čerstvého špenátu

150 g mozzarelly

8 lístků bazalky

1 lžička mletého kmínu

Mouka, vejce a strouhanka (na obalování)

Olivový olej

Sůl a pepř

ZAMĚSTNANOST

Hrudí z obou stran okořeníme. Navrch položíme špenát, nastrouhaný sýr a nakrájenou bazalku, přikryjeme dalším filetem. Zalijeme moukou, rozšlehaným vejcem a směsí strouhanky a kmínu.

Opékejte pár minut z každé strany a na savý papír odstraňte přebytečný olej.

TRIK

Dobrým doplňkem je dobrá rajčatová omáčka. Toto jídlo lze připravit z krůty a dokonce i z čerstvé svíčkové.

SMAŽENÉ KUŘE S CAVA

INGREDIENCE

4 kuřecí zadky

1 láhev cava

1 snítka tymiánu

1 snítka rozmarýnu

3 stroužky česneku

2 cibule

Olivový olej

Sůl a pepř

ZAMĚSTNANOST

Nakrájejte cibuli a česnek julienne. Tymián a rozmarýn dejte na dno pekáče kůží dolů a přidejte cibuli, česnek a okořeněné zadní stehýnka. Pečeme při 175 ºC asi 45 minut.

Po 30 minutách vykoupeme cava, otočíme a pečeme dalších 45 minut. Když je kuře uvařené, vyjměte ho z podnosu a promíchejte omáčku.

TRIK

Další variací na stejný recept je udělat to s lambruscem nebo se sladkým vínem.

KUŘECÍ KUŘATA S OŘECHOVOU OMÁČKOU

INGREDIENCE

600 g kuřecích prsou

150 g arašídů

500 ml kuřecího vývaru

200 ml smetany

3 lžíce sojové omáčky

3 lžíce medu

1 polévková lžíce kari

1 jemně nasekaný kajenský pepř

1 lžíce limetkové šťávy

Olivový olej

Sůl a pepř

ZAMĚSTNANOST

Arašídy velmi dobře rozemlejte, dokud se z nich nestane pasta. Smíchejte je v misce s limetkovou šťávou, vývarem, sójou, medem, kari, solí a pepřem. Hrudník nakrájejte na kousky a marinujte v této směsi přes noc.

Vyjměte kuře a položte na špízy. Předchozí směs spolu se smetanou vařte na mírném ohni 10 minut.

Špízy opečte na pánvi na středním plameni a podávejte s omáčkou navrchu.

TRIK

Mohou být vyrobeny z kuřecích zadků. Ale místo opékání na pánvi pečte v troubě s omáčkou nahoře.

KUŘECÍ PEPITORIE

INGREDIENCE

1 ½ kg kuřete

250 g cibule

50 g pražených mandlí

25 g pečeného chleba

½ litru kuřecího vývaru

¼ litru kvalitního vína

2 stroužky česneku

2 bobkové listy

2 vejce natvrdo

1 polévková lžíce mouky

14 vláken šafránu

150 g olivového oleje

Sůl a pepř

ZAMĚSTNANOST

Kuře nakrájené na kousky nakrájejte a okořeňte. Hnědá a rezervovaná.

Cibuli a česnek nakrájíme na malé kousky a orestujeme je na stejném oleji, na kterém jsme opékali kuře. Přidejte mouku a na mírném ohni vařte 5 minut. Zalijte vínem a nechte zredukovat.

Zalijeme slaným vývarem a vaříme dalších 15 minut. Poté přidejte kuře spolu s bobkovými listy a vařte, dokud kuře nezměkne.

Samostatně opečte šafrán a přidejte do hmoždíře spolu s opečeným chlebem, mandlemi a žloutky. Míchejte, dokud nezískáte pastu a přidejte do dušeného kuřecího masa. Vařte dalších 5 minut.

TRIK

K tomuto receptu není lepší doplněk než dobrý rýžový pilaf. Můžeme podávat s nasekanými bílky a nadrobno nasekanou petrželkou.

ORANŽOVÉ KUŘE

INGREDIENCE

1 kuře

25 g másla

1 litr kuřecího vývaru

1 dl růžového vína

2 lžíce medu

1 snítka tymiánu

2 mrkve

2 pomeranče

2 páry

Olivový olej

Sůl a pepř

ZAMĚSTNANOST

Nakrájené kuře osolte a opečte na olivovém oleji na vysoké teplotě. Odebrat a rezervovat.

Mrkev a pórek oloupeme, očistíme a nakrájíme na nudličky julienne. Smažíme na stejném oleji jako kuře. Zalijte vínem a vařte na vysokém ohni do měkka.

Přidejte pomerančovou šťávu, med a vývar. Vařte 5 minut a znovu přidejte kuřecí kousky. Vařte na mírném ohni 30 minut. Přidejte studené máslo a dochuťte solí a pepřem.

TRIK

Pořádnou hrst ořechů můžete vynechat a přidat je do dušeného masa na konci vaření.

KUŘECÍ DUŠENÝ S BARÁŽÍ

INGREDIENCE

1 kuře

200 g šunky Serran

200 g hřibů

50 g másla

600 ml kuřecího vývaru

1 sklenka bílého vína

1 snítka tymiánu

1 stroužek česneku

1 mrkev

1 cibule

1 rajče

Olivový olej

Sůl a pepř

ZAMĚSTNANOST

Kuře naporcujeme, okořeníme a orestujeme na másle a trošce oleje. Odebrat a rezervovat.

Na stejném tuku zpěníme cibuli, mrkev a česnek nakrájené na malé kousky spolu se šunkou nakrájenou na kostičky. Zvyšte teplotu a přidejte nakrájený hřib. Vařte 2 minuty, přidejte rozmačkaná rajčata a vařte, dokud nezmizí voda.

Znovu přidejte kuřecí kousky a propláchněte vínem. Redukujte, dokud není omáčka téměř suchá. Zalijeme vývarem a přidáme tymián. Vařte 25 minut nebo dokud kuře nezměkne. Upravte sůl.

TRIK

Používejte sezónní nebo sušené houby.

PEČENÉ KUŘE S OŘECHY A SÓJOU

INGREDIENCE

3 kuřecí prsa

70 g rozinek

30 g mandlí

30 g kešu oříšků

30 g vlašských ořechů

30 g lískových ořechů

1 sklenice kuřecího vývaru

3 lžíce sojové omáčky

2 stroužky česneku

1 kajenský pepř

1 citron

Zrzavý

Olivový olej

Sůl a pepř

ZAMĚSTNANOST

Prsa nakrájíme, osolíme, opepříme a opečeme na pánvi na prudkém ohni. Odebrat a rezervovat.

V tom oleji orestujeme ořechy spolu s nastrouhaným česnekem, kouskem nastrouhaného zázvoru, kajenským pepřem a citronovou kůrou.

Přidejte rozinky, kuřecí prsa a sóju. Snižte na 1 min. a opláchněte vývarem. Vařte dalších 6 minut na středním plameni a v případě potřeby dosolte.

TRIK

Sůl prakticky nebudete potřebovat, protože se skládá téměř výhradně ze sójových bobů.

ČOKOLÁDOVÉ KUŘE S KŮRKAMI MANDLÍ

INGREDIENCE

1 kuře

60 g nastrouhané hořké čokolády

1 sklenice červeného vína

1 snítka tymiánu

1 snítka rozmarýnu

1 bobkový list

2 mrkve

2 stroužky česneku

1 cibule

Kuřecí vývar (nebo voda)

Pražené mandle

extra panenský olivový olej

Sůl a pepř

ZAMĚSTNANOST

Kuřecí maso nakrájíme, okořeníme a vaříme ve velmi horkém hrnci. Odebrat a rezervovat.

Na stejném oleji na mírném ohni orestujte cibuli, mrkev a stroužky česneku nakrájené na malé kousky.

Přidejte bobkový list a snítky tymiánu a rozmarýnu. Zalijte vínem a vývarem a na mírném ohni vařte 40 minut. Dochuťte solí a vyjměte kuře.

Přelijte omáčku přes mixér a vraťte do hrnce. Přidejte kuře a čokoládu a míchejte, dokud se čokoláda nerozpustí. Vařte dalších 5 minut, aby se chutě propojily.

TRIK

Navrch dejte opražené mandle. Přidání kajenského nebo chilli papričky mu dodává pikantnost.

JEHNĚČÍ KEBS S PAPRIKOU A HOŘČIČNÝM VINAIGRETEM

INGREDIENCE

350 g jehněčího

2 lžíce octa

1 zarovnaná lžíce papriky

1 zarovnaná lžíce hořčice

1 zarovnaná lžíce cukru

1 zásobník cherry rajčat

1 zelená paprika

1 červená paprika

1 malá cibule

1 cibule

5 lžic olivového oleje

Sůl a pepř

ZAMĚSTNANOST

Zeleninu kromě cibulky očistíme a nakrájíme na středně velké čtverečky. Jehněčí maso nakrájíme na stejně velké kostky. Sestavte špejle, střídavě mezi kouskem masa a kouskem zeleniny. Sezóna. Smažte je na velmi rozpálené pánvi s trochou oleje 1 nebo 2 minuty z každé strany.

V samostatné misce smíchejte hořčici, papriku, cukr, olej, ocet a cibuli nakrájenou na malé kousky. Dochutíme solí a emulgujeme.

Čerstvě připravené špízy podávejte s trochou paprikové omáčky.

TRIK

Do vinaigrette můžete také přidat 1 polévkovou lžíci kari a trochu citronové kůry.

TELECÍ VLOČKY, PLNĚNÉ V PORTU

INGREDIENCE

1 kg telecích ploutví (otevřete brožuru a naplňte ji)

350 g mletého vepřového masa

1 kg mrkve

1 kg cibule

100 g piniových oříšků

1 malá plechovka piquillových papriček

1 plechovka černých oliv

1 balení slaniny

1 hlava česneku

2 bobkové listy

portské víno

Masový vývar

Olivový olej

Sůl a pepř

ZAMĚSTNANOST

Okořeňte ploutev z obou stran. Naplňte vepřovým masem, piniovými oříšky, nakrájenou paprikou, na čtvrtky nakrájenými olivami a proužky slaniny. Srolujte a vložte do síťky nebo svažte uzdou. Opečte na velmi vysoké teplotě, vyjměte a dejte stranou.

Mrkev, cibuli a česnek nakrájíme na plátky a orestujeme na stejném oleji, na kterém se smažilo telecí maso. Nasaďte ploutev zpět. Vykoupejte s trochou portského a masového vývaru, dokud nebude vše zakryté. Přidejte 8 kuliček pepře a bobkové listy. Vařte přikryté na mírném ohni 40 minut. Otočte každých 10 minut. Když je maso měkké, vyjmeme ho a omáčku promícháme.

TRIK

Portské víno lze nahradit jakýmkoli jiným vínem nebo šampaňským.

MADRILEŇA

INGREDIENCE

1 kg mletého hovězího masa

500 g mletého vepřového masa

500 g zralých rajčat

150 g cibule

100 g hub

1 l masového vývaru (nebo vody)

2 dl bílého vína

2 lžíce čerstvé petrželky

2 lžíce strouhanky

1 polévková lžíce mouky

3 stroužky česneku

2 mrkve

1 bobkový list

1 vejce

cukr

Olivový olej

Sůl a pepř

ZAMĚSTNANOST

Obě masa smícháme s nasekanou petrželkou, 2 nakrájenými stroužky česneku, strouhankou, vejcem, solí a pepřem. Vytvarujte kuličky a smažte je na pánvi. Vyjměte a rezervujte.

Na stejném oleji orestujeme cibuli s dalším česnekem, přidáme mouku a orestujeme. Přidejte rajčata a opékejte dalších 5 minut. Zalijte vínem a vařte dalších 10 minut. Zvlhčete vývarem a pokračujte ve vaření dalších 5 minut. Rozdrťte a upravte sůl a cukr. Masové kuličky vaříme v omáčce 10 minut spolu s bobkovým listem.

Očistěte, oloupejte a nakrájejte mrkev a houby zvlášť. Smažte je na troše oleje 2 minuty a přidejte je do guláše.

TRIK

Pro chutnější masovou směs přidejte 150 g nakrájené čerstvé iberské slaniny. Při výrobě kuliček je lepší moc netlačit, aby byly šťavnatější.

OŘECHOVÉ KOLÍČKY S ČOKOLÁDOU

INGREDIENCE

8 telecích líčků

½ litru červeného vína

6 uncí čokolády

2 stroužky česneku

2 rajčata

2 páry

1 tyčinka celeru

1 mrkev

1 cibule

1 snítka rozmarýnu

1 snítka tymiánu

Mouka

Hovězí vývar (nebo voda)

Olivový olej

Sůl a pepř

ZAMĚSTNANOST

Líčka osolte a opečte ve velmi horkém hrnci. Vyjměte a rezervujte.

Zeleninu nakrájíme na brunoise a orestujeme ve stejném hrnci, ve kterém se smažila líčka.

Když je zelenina měkká, přidejte rozmačkaná rajčata a vařte, dokud nevyteče veškerá voda. Přidejte víno, aromatické bylinky a nechte 5 minut působit. Zalévejte líčka a masový vývar, dokud nejsou zakryté.

Vaříme, dokud nejsou líčka hodně měkká, podle chuti přidáme čokoládu, promícháme a dochutíme solí a pepřem.

TRIK

Omáčku můžeme pyré nebo ji nechat s celými kousky zeleniny.

KONFITOVÝ VEPŘOVÝ KOLÁČ SE SLADKOU VÍNNOU OMÁČKOU

INGREDIENCE

½ mletého selátka

1 sklenka sladkého vína

2 snítky rozmarýnu

2 snítky tymiánu

4 stroužky česneku

1 malá mrkev

1 malá cibule

1 rajče

jemný olivový olej

hrubá sůl

ZAMĚSTNANOST

Položte selátko na tác a osolte z obou stran. Přidejte nasekaný česnek a aromata. Potřeme olejem a pečeme při 100 °C 5 hodin. Poté nechte vychladnout a odstraňte kosti, odstraňte maso a kůži.

Na plech položte pečicí papír. Maso selátka rozdělte a navrch položte kůži selátka (měla by být vysoká alespoň 2 prsty). Položte další list pergamenu a vložte do chladničky se závažím nahoře.

Mezitím svaříme tmavý vývar. Kosti a zeleninu nakrájejte na střední kousky. Kosti pečte při 185 °C 35 minut, zeleninu položte boky a opékejte dalších 25 minut. Vyndejte z trouby a polijte vínem. Vše dáme do hrnce a zalijeme studenou vodou. Vařte 2 hodiny na velmi mírném ohni. Sceďte a vraťte na teplo, dokud mírně nezhoustne. Odmastit.

Koláč nakrájejte na porce a opečte na rozpálené pánvi ze strany kůže dohněda. Pečte 3 minuty na 180ºC.

TRIK

Je to spíše fuška než složité jídlo, ale výsledek je působivý. Jediný trik, jak se na konci nezkazit, je podávat omáčku na jednu stranu masa, ne navrch.

KRÁLÍK S MARCEM

INGREDIENCE

1 nakrájený králík

80 g mandlí

1 litr kuřecího vývaru

400 ml pokrutin

200 ml smetany

1 snítka rozmarýnu

1 snítka tymiánu

2 cibule

2 stroužky česneku

1 mrkev

10 vláken šafránu

Sůl a pepř

ZAMĚSTNANOST

Králíka nakrájíme, okořeníme a orestujeme. Odebrat a rezervovat.

Na stejném oleji orestujeme na malé kousky nakrájenou mrkev, cibuli a česnek. Přidejte šafrán a mandle a vařte 1 minutu.

Zvyšte teplotu a dejte si koupel s pokrutinami. flambovat Znovu přidejte králíka a zalijte vývarem. Přidejte snítky tymiánu a rozmarýnu.

Vaříme asi 30 minut, dokud králík nezměkne a zalijeme smetanou. Vařte dalších 5 minut a odstraňte sůl.

TRIK

Flambear spaluje duchy. Dávejte pozor, abyste při tom vypnuli digestoř.

MASOVÉ KULIČKY V PEPITORIA OŘÍŠKOVÉ OMÁČCE

INGREDIENCE

750 g mletého hovězího masa

750 g mletého vepřového masa

250 g cibule

60 g lískových ořechů

25 g pečeného chleba

½ litru kuřecího vývaru

¼ litru bílého vína

10 vláken šafránu

2 lžíce čerstvé petrželky

2 lžíce strouhanky

4 stroužky česneku

2 vejce natvrdo

1 čerstvé vejce

2 bobkové listy

150 g olivového oleje

Sůl a pepř

ZAMĚSTNANOST

V míse smícháme maso, nasekanou petrželku, na kostičky nakrájený česnek, strouhanku, vejce, sůl a pepř. V hrnci na středně vysoké teplotě opražte mouku. Odebrat a rezervovat.

Na stejném oleji zpěníme cibuli a další 2 stroužky česneku nakrájené na malé kostičky. Zalijte vínem a nechte zredukovat. Zalijeme vývarem a vaříme 15 minut. Masové kuličky přidejte do omáčky spolu s bobkovými listy a vařte dalších 15 minut.

Samostatně opečte šafrán a rozdrťte ho v hmoždíři spolu s opečeným chlebem, lískovými oříšky a žloutky, dokud nezískáte hladkou pastu. Přidejte do guláše a vařte dalších 5 minut.

TRIK

Podávejte s nasekanými bílky a trochou petrželky.

TELECÍ KOKULE S ČERNÝM PIREM

INGREDIENCE

4 telecí filé

125 g hub shiitake

1/3 litru tmavého piva

1 dl masového vývaru

1 dl smetany

1 mrkev

1 jarní cibulka

1 rajče

1 snítka tymiánu

1 snítka rozmarýnu

Mouka

Olivový olej

Sůl a pepř

ZAMĚSTNANOST

Filet okoříme a posypeme moukou. Lehce je opečte na pánvi s trochou oleje. Vyjměte a rezervujte.

Na stejném oleji orestujte na kostičky nakrájenou cibuli a mrkev. Když jsou uvařené, přidejte nastrouhané rajče a vařte, dokud není omáčka téměř suchá.

Vykoupejte se s pivem, nechte 5 minut odpařit alkohol na středním plameni a přidejte vývar, bylinky a filé. Vařte 15 minut nebo do změknutí.

Smažte filé houby zvlášť na vysoké teplotě a přidejte je do dušeného masa. Upravte sůl.

TRIK

Filet by neměl být přepečený, jinak bude velmi tuhý.

CESTY DO MADRILEŇA

INGREDIENCE

1 kg čisté rýže

2 prasečí klusáky

25 g mouky

1 dl octa

2 lžíce papriky

2 bobkové listy

2 cibule (1 z nich nastrouhaná)

1 hlava česneku

1 chilli papřička

2 dl olivového oleje

20 g soli

ZAMĚSTNANOST

Blanšírujte bič a vepřové kroužky v hrnci se studenou vodou. Jakmile se začne vařit, vařte 5 minut.

Vypusťte a naplňte čistou vodou. Přidejte cibuli, chilli papřičku, hlavičku česneku a bobkové listy. Je-li třeba, přidejte více vody, aby byla dobře zakrytá, a přikryté vařte 4 hodiny, nebo dokud struky nezměknou.

Když jsou trojčata hotová, vyjměte jarní cibulku, bobkový list a chilli papřičku. Vyndejte také klusáky, odřízněte je od kostí a nakrájejte na kousky podobné velikosti spony. Dejte to zpět do hrnce.

Samostatně orestujte další cibuli nakrájenou na brunoise, přidejte papriku a 1 lžíci hladké mouky. Po uvaření vložíme do guláše. Vaříme 5 minut, dochutíme solí a podle potřeby přidáme zahuštění.

TRIK

Tento recept získá chuť, pokud se připraví den nebo dva předem. Můžete přidat i trochu uvařené cizrny a získat prvotřídní zeleninový pokrm.

SMAŽENÁ VEPŘOVÁ kýta S JABLKEM A MÁTOU

INGREDIENCE

800 g čerstvé vepřové panenky

500 g jablek

60 g cukru

1 sklenka bílého vína

1 sklenka brandy

10 lístků máty

1 bobkový list

1 velká cibule

1 mrkev

Olivový olej

Sůl a pepř

ZAMĚSTNANOST

Panenku okořeníme a vaříme na prudkém ohni. Odebrat a rezervovat.

Na oleji zpěníme očištěnou a nadrobno nakrájenou cibuli a mrkev. Jablka oloupeme a zbavíme jádřince.

Vše přendejte na plech, potřete alkoholem a přidejte bobkový list. Pečeme na 185°C 90 minut.

Vyjměte jablka a zeleninu, rozmačkejte s cukrem a mátou. Panenku s omáčkou přelijeme šťávou z vaření a podáváme s jablečným kompotem.

TRIK

Aby panenka nevyschla, přidejte do pánve během vaření trochu vody.

KUŘECÍ KULIČKY S MALINOVOU OMÁČKOU

INGREDIENCE

na masové kuličky

1 kg mletého kuřete

1 dl mléka

2 lžíce strouhanky

2 vejce

1 stroužek česneku

sherry víno

Mouka

Nasekaná petržel

Olivový olej

Sůl a pepř

Na malinovou omáčku

200 g malinového džemu

½ l kuřecího vývaru

1 ½ dl bílého vína

½ dl sójové omáčky

1 rajče

2 mrkve

1 stroužek česneku

1 cibule

Sůl

ZAMĚSTNANOST

na masové kuličky

Maso smícháme se strouhankou, mlékem, vejci, nadrobno nakrájeným stroužkem česneku, petrželkou a troškou vína. Dochuťte solí a pepřem a nechte 15 minut odstát.

Ze směsi vytvarujte kuličky a obalte je v mouce. Smažíme na oleji, aby byl uvnitř lehce zelený. Zarezervujte si olej.

Na sladkokyselou malinovou omáčku

Cibuli, česnek a mrkev oloupeme a nakrájíme na malé kostičky. Smažíme na stejném oleji, kde se smažily karbanátky. Dochutíme špetkou soli. Přidáme nakrájená rajčata bez slupky a semínek a dusíme, dokud se voda neodpaří.

Zalijte vínem a vařte, dokud se nezredukuje na polovinu. Přidejte sójovou omáčku a vývar a vařte dalších 20 minut, dokud omáčka nezhoustne. Přidejte marmeládu a masové kuličky a vše společně vařte dalších 10 minut.

TRIK

Malinový džem lze nahradit jakýmkoli jiným červeným ovocem a dokonce i džemem.

DUŠENÉ JEHNĚČÍ

INGREDIENCE

1 jehněčí kýta

1 velká sklenice červeného vína

½ šálku drcených rajčat (nebo 2 strouhaná rajčata)

1 lžíce sladké papriky

2 velké brambory

1 zelená paprika

1 červená paprika

1 cibule

Hovězí vývar (nebo voda)

Olivový olej

Sůl a pepř

ZAMĚSTNANOST

Nakrájejte, okořeňte a opečte kýtu ve velmi horkém hrnci. Vyjměte a rezervujte.

Na stejném oleji orestujeme na kostičky nakrájenou papriku a cibuli. Když je zelenina dobře osmažená, přidáme lžíci papriky a rajče. Vařte na vysoké teplotě, dokud rajče neztratí vodu. Poté znovu přidejte jehněčí.

Zalijte vínem a nechte zredukovat. Podlijeme masovým vývarem.

Když je jehněčí maso měkké, přidejte bramborové kachlady (nenakrájené) a vařte, dokud nejsou brambory hotové. Dochuťte solí a pepřem.

TRIK

Pro ještě chutnější omáčku opečte zvlášť 4 papričky piquillo a 1 stroužek česneku. Smícháme s trochou vývaru z guláše a vlijeme do guláše.

CIVET ZAJÍC

INGREDIENCE

1 zajíc

250 g hub

250 g mrkve

250 g cibule

100 g slaniny

¼ litru červeného vína

3 lžíce rajčatové omáčky

2 stroužky česneku

2 snítky tymiánu

2 bobkové listy

Hovězí vývar (nebo voda)

Olivový olej

Sůl a pepř

ZAMĚSTNANOST

Zajíce nakrájíme a 24 hodin macerujeme v nadrobno nakrájené mrkvi, česneku a cibuli, víně, 1 snítce tymiánu a 1 bobkovém listu. Po uplynutí času sceďte a uchovejte víno na jedné straně a zeleninu na druhé.

Zajíce okořeníme, opečeme na prudkém ohni a vyjmeme. Na stejném oleji osmahněte zeleninu na středně mírném ohni. Zalijeme rajčatovou omáčkou a vaříme 3 minuty. Dejte zajíce zpět. Vmícháme víno a vývar, dokud se maso nepotáhne. Přidejte další snítku tymiánu a další bobkový list. Vařte, dokud zajíc nezměkne.

Mezitím orestujeme slaninu nakrájenou na nudličky a žampiony nakrájené na čtvrtky a přidáme do guláše. Zaječí játra rozetřete zvlášť v hmoždíři a také vmíchejte. Vařte dalších 10 minut, přidejte sůl a pepř.

TRIK

Toto jídlo lze připravit s jakoukoli zvěřinou a bude chutnat lépe, když se připraví den předem.

KRÁLÍK S PIPERRADOU

INGREDIENCE

1 králík

2 velká rajčata

2 cibule

1 zelená paprika

1 stroužek česneku

cukr

Olivový olej

Sůl a pepř

ZAMĚSTNANOST

Králíka naporcujeme, okořeníme a orestujeme v rozpáleném hrnci. Odebrat a rezervovat.

Cibuli, papriku a česnek nakrájíme na malé kousky a na mírném ohni opékáme 15 minut na stejném oleji, na kterém se smažil králík.

Přidejte brunoise nakrájená rajčata a vařte na středním plameni, dokud se voda neodpaří. Podle potřeby upravte sůl a cukr.

Přidejte králíka, snižte plamen a za občasného míchání vařte 15 až 20 minut s přikrytým hrncem.

TRIK

Do piperradu lze přidat cuketu nebo lilek.

KUŘECÍ KNOFLÍKY PLNĚNÉ SÝREM S KARI OMÁČKOU

INGREDIENCE

500 g mletého kuřete

150 g nakrájeného sýra

100 g strouhanky

200 ml smetany

1 sklenice kuřecího vývaru

2 lžíce kari

½ lžíce strouhanky

30 rozinek

1 zelená paprika

1 mrkev

1 cibule

1 vejce

1 citron

Mléko

Mouka

Olivový olej

Sůl

ZAMĚSTNANOST

Kuře okořeníme a smícháme se strouhankou, vejcem, 1 lžící kari a strouhankou namočenou v mléce. Vytvarujte kuličky, přidejte kostku sýra a zalijte moukou. Pečte a rezervujte.

Na stejném oleji orestujte cibuli, papriku a mrkev nakrájenou na malé kousky. Přidejte citronovou kůru a několik minut vařte. Přidejte další lžíci kari, rozinky a kuřecí vývar. Když začne vřít, zalijeme smetanou a vaříme 20 minut. Upravte sůl.

TRIK

Ideální přílohou k těmto masovým kuličkám jsou žampiony nakrájené na čtvrtky, orestované s pár stroužky česneku, nakrájené na malé kousky a zalité velkým portským nebo vínem Pedro Ximénez.

VEPŘOVÁ LÍČKA NA ČERVENÉM VÍNĚ

INGREDIENCE

12 vepřových líček

½ litru červeného vína

2 stroužky česneku

2 páry

1 červená paprika

1 mrkev

1 cibule

Mouka

Hovězí vývar (nebo voda)

Olivový olej

Sůl a pepř

ZAMĚSTNANOST

Líčka osolte a opečte ve velmi horkém hrnci. Vyjměte a rezervujte.

Zeleninu nakrájíme na bronoise a orestujeme na stejném oleji jako vepřové maso. Když jsou dobře uvařené, navlhčete vínem a nechte 5 minut zatáhnout. Zalévejte líčka a masový vývar, dokud nejsou zakryté.

Vařte, dokud líčka nezměknou, případně omáčku zamíchejte, abyste odstranili kousky zeleniny.

TRIK

Vepřová líčka se vaří mnohem méně času než hovězí líčka. Jiné chuti se dosáhne přidáním unce čokolády do omáčky na konci.

COCHIFRITO NAVARRE

INGREDIENCE

2 nakrájené jehněčí stehýnka

50 g tuku

1 lžička papriky

1 polévková lžíce octa

2 stroužky česneku

1 cibule

Olivový olej

Sůl a pepř

ZAMĚSTNANOST

Jehněčí stehýnka nakrájíme na kousky. Okořeníme a vaříme na prudkém ohni v hrnci. Vyjměte a rezervujte.

Na stejném oleji na mírném ohni opékejte 8 minut nadrobno nakrájenou cibuli a česnek. Přidejte papriku a opékejte dalších 5 sekund. Přidejte jehněčí maso a podlijte vodou.

Vaříme, dokud se omáčka nezredukuje a maso nezměkne. Navlhčete octem a přiveďte k varu.

TRIK

Předpražení je nezbytné, protože zabraňuje úniku šťávy. Navíc dodává křupavost a zlepšuje chuť.

DUŠENÉ HOVĚZÍ S ARAŠÍDOVOU OMÁČKOU

INGREDIENCE

750 g telecího masa

250 g arašídů

2 litry masového vývaru

1 sklenici smetany

½ sklenice brandy

2 lžíce rajčatové omáčky

1 snítka tymiánu

1 snítka rozmarýnu

4 brambory

2 mrkve

1 cibule

1 stroužek česneku

Olivový olej

Sůl a pepř

ZAMĚSTNANOST

Paličky nakrájíme, okořeníme a opečeme na vysoké teplotě. Vyjměte a rezervujte.

Na stejném oleji orestujeme na mírném ohni cibuli, česnek a mrkev nakrájenou na malé kostičky. Zvyšte teplotu a vlijte rajčatovou omáčku. Necháme redukovat, dokud nevyteče všechna voda. Zalijeme brandy a necháme odpařit alkohol. Znovu přidejte maso.

Arašídy dobře rozmačkejte s vývarem a přidejte do pánve spolu s aromatickými bylinkami. Vařte na mírném ohni, dokud není maso téměř měkké.

Poté přidejte oloupané a na kostičky nakrájené brambory a smetanu. Vařte 10 minut, přidejte sůl a pepř. Před podáváním nechte 15 minut odpočinout.

TRIK

K tomuto masovému pokrmu lze podávat rýžový pilaf (viz sekce Rýže a těstoviny).

PEČENÉ PRASE

INGREDIENCE

1 prase kojí

2 lžíce sádla

Sůl

ZAMĚSTNANOST

Uši a ocas vyložte hliníkovou fólií, aby se nespálily.

Na plech položte 2 vařečky a položte selátko lícem nahoru tak, aby se nedotýkalo dna misky. Přidejte 2 lžíce vody a pečte při 180 °C 2 hodiny.

Sůl rozpusťte ve 4 dl vody a každých 10 minut natřete vnitřek kojícího prasete. V tu chvíli otočte a pokračujte v malování vodou a solí, dokud nevyprší čas.

Rozpusťte máslo a obarvěte kůži. Předehřejte troubu na 200 stupňů a pečte dalších 30 minut nebo dokud kůže nezezlátne a nebude křupavá.

TRIK

Nelijte šťávu na kůži; takže ztratí svou křupavost. Omáčku naservírujte na dno talíře.

SMAŽENÉ ZELÍ

INGREDIENCE

4 prsty

½ zelí

3 stroužky česneku

Olivový olej

Sůl a pepř

ZAMĚSTNANOST

Paličky zalijte vroucí vodou a vařte 2 hodiny nebo do úplného změknutí.

Vyjmeme je z vody a smažíme na oleji na 220 stupňů do zlatova. Sezóna.

Zelí nakrájíme na tenké nudličky. Vařte ve vroucí vodě 15 minut. Vypusťte.

Mezitím si na troše oleje orestujeme nakrájený česnek, přidáme zelí a orestujeme. Dochutíme solí a pepřem a podáváme s opečenými paličkami.

TRIK

Knedlíky lze dělat i na velmi horké pánvi. Dobře je opečte ze všech stran.

KOKTEJL Z KRÁLÍKA

INGREDIENCE

1 králík

300 g hub

2 sklenice kuřecího vývaru

1 sklenka bílého vína

1 snítka čerstvého tymiánu

1 bobkový list

2 stroužky česneku

1 cibule

1 rajče

Olivový olej

Sůl a pepř

ZAMĚSTNANOST

Nakrájejte, okořeňte a smažte králíka na vysoké teplotě. Vyjměte a rezervujte.

Na mírném ohni na stejném oleji 5 minut opékejte cibuli a česnek nakrájené na malé kousky. Zvyšte teplotu a přidejte nastrouhaná rajčata. Vařte, dokud nezůstane žádná voda.

Znovu přidejte králíka a podlijte vínem. Necháme zredukovat a omáčka bude téměř suchá. Zalijte vývarem a vařte s aromatickými bylinkami 25 minut nebo dokud maso nezměkne.

Mezitím na rozpálené pánvi smažte očištěné a laminované houby 2 minuty. Dochutíme solí a přidáme do guláše. Vařte další 2 minuty a v případě potřeby upravte množství soli.

TRIK

Stejný recept můžete udělat s kuřecím nebo krůtím masem.

TELECÍ ESKALOPE MADRILEÑA

INGREDIENCE

4 telecí filé

1 lžíce čerstvé petrželky

2 stroužky česneku

Mouka, vejce a strouhanka (na obalování)

Olivový olej

Sůl a pepř

ZAMĚSTNANOST

Petržel a česnek nasekáme nadrobno. Dejte je do mísy a přidejte strouhanku. Odstranit.

Filet osolíme, opepříme a vetřeme do směsi mouky, rozšlehaného vejce a strouhanky s česnekem a petrželkou.

Rukama přitlačte, abyste se ujistili, že placička dobře přilne, a 15 sekund smažte ve velkém množství velmi horkého oleje.

TRIK

Filet rozklepejte kladivem, aby se polámala vlákna a maso bylo měkčí.

ZAJÍCÍ DUŠENÝ S HOUBAMI

INGREDIENCE

1 králík

250 g sezónních hub

50 g tuku

200 g slaniny

45 g mandlí

600 ml kuřecího vývaru

1 sklenice sherry

1 mrkev

1 rajče

1 cibule

1 stroužek česneku

1 snítka tymiánu

Sůl a pepř

ZAMĚSTNANOST

Králíka nakrájejte a okořeňte. Smažte na vysoké teplotě na másle spolu se slaninou nakrájenou na tyčinky. Vyjměte a rezervujte.

Na stejném tuku zpěníme cibuli, mrkev a česnek nakrájené na malé kousky. Přidejte nakrájené houby a vařte 2 minuty. Přidejte nastrouhaná rajčata a vařte, dokud neztratí vodu.

Znovu přidejte králíka a slaninu a zalijte vínem. Necháme zredukovat a omáčka bude téměř suchá. Zalijeme vývarem a přidáme tymián. Vařte na mírném ohni 25 minut nebo dokud králík nezměkne. Navrch nasypeme mandle a dochutíme solí.

TRIK

Můžete použít sušené houby shiitake. Dodávají spoustu chuti a vůně.

iberská vepřová žebírka S BÍLÝM VÍNEM A MEDEM

INGREDIENCE

1 iberské vepřové žebro

1 sklenka bílého vína

2 lžíce medu

1 lžíce sladké papriky

1 lžíce nasekaného rozmarýnu

1 lžíce nasekaného tymiánu

1 stroužek česneku

Olivový olej

Sůl a pepř

ZAMĚSTNANOST

Do mísy přidejte koření, nastrouhaný česnek, med a sůl. Přidejte ½ šálku oleje a promíchejte. Touto směsí potřete žebra.

Pečeme na 200 stupňů 30 minut masovou stranou dolů. Přiklopte, podlijte vínem a vařte dalších 30 minut, nebo dokud žebra nezezlátnou a nezměknou.

TRIK

Aby se chutě do žeber více vstřebaly, je lepší maso marinovat den předem.

ČOKOLÁDOVÉ HRUŠKY S PAPRÍKEM

INGREDIENCE

150 g čokolády

85 g cukru

½ litru mléka

4 hrušky

1 tyčinka skořice

10 paprik

ZAMĚSTNANOST

Oloupejte hrušky bez odstranění ocasu. Vařte je v mléce spolu s cukrem, skořicí a kuličkami pepře 20 minut.

Vyjměte hrušky, sceďte mléko a přidejte čokoládu. Za stálého míchání necháme zredukovat do zhoustnutí. Hrušky podávejte s čokoládovou polevou.

TRIK

Když jsou hrušky uvařené, podélně je rozevřeme, zbavíme jádřinců a zasypeme sýrem mascarpone a cukrem. Znovu uzavřeme a okořeníme. Lahodné.

TŘI ČOKOLÁDOVÝ DORT SE SUŠENKOU

INGREDIENCE

150 g bílé čokolády

150 g hořké čokolády

150 g mléčné čokolády

450 ml smetany

450 ml mléka

4 lžíce másla

1 balení sušenek Maria

3 balíčky tvarohu

ZAMĚSTNANOST

Rozdrťte sušenky a rozpusťte máslo. Sušenky rozmačkejte s máslem a vytvarujte základ dortu ve vyjímatelné formě. Nechte 20 minut v lednici.

Mezitím si v míse ohřejte 150 g mléka, 150 g smetany a 150 g jednoho z čokoládových bonbonů. Jakmile začne vřít, rozřeďte 1 balení tvarohu ve sklenici s trochou mléka a vlijte do směsi v dóze. Vyjměte ji, jakmile se znovu uvaří.

Na těsto na sušenky položte první čokoládu a dejte na 20 minut do mrazáku.

Totéž opakujte znovu s další čokoládou a položte ji na první vrstvu. A operaci opakujte s třetí čokoládou. Vložte do mrazáku nebo lednice, dokud nebudete připraveni k podávání.

TRIK

Můžete použít i jiné čokolády, například mátovou nebo pomerančovou.

ŠVÝCARSKÝ MARING

INGREDIENCE

250 g cukru

4 bílky

špetka soli

Pár kapek citronové šťávy

ZAMĚSTNANOST

Z bílků ušleháme tyčinkou tuhý sníh. Po troškách a bez přestání přidávejte citronovou šťávu, špetku soli a cukr.

Po přidání cukru šlehejte další 3 minuty.

TRIK

Když jsou vyšlehané bílky tuhé, nazývá se to vrcholový bod nebo sněhový bod.

LÍSKOVÉ KRÉMY S BANÁNEM

INGREDIENCE

100 g mouky

25 g másla

25 g cukru

1 ½ dl mléka

8 lžic oříškového krému

2 lžíce rumu

1 polévková lžíce moučkového cukru

2 banány

1 vejce

½ balíčku droždí

ZAMĚSTNANOST

Rozšleháme vejce, kvásek, rum, mouku, cukr a mléko. Necháme 30 minut odležet v lednici.

V nepřilnavé pánvi na mírném ohni rozehřejte máslo a po celé ploše rozetřete tenkou vrstvu těsta. Otočte do světle zlaté barvy.

Banány oloupeme a nakrájíme. Na každou palačinku rozetřete 2 lžíce oříškového krému a ½ banánu. Papír uzavřeme a posypeme moučkovým cukrem.

TRIK

Palačinky lze připravit předem. Když jsou hotové, stačí je jen ohřát na pánvi s trochou másla z obou stran.

CITRONOVÝ DORT S ČOKOLÁDOVÝM ZÁKLADEM

INGREDIENCE

400 ml mléka

300 g cukru

250 g mouky

125 g másla

50 g kakaa

50 g kukuřičného škrobu

5 žloutků

Šťáva ze 2 citronů

ZAMĚSTNANOST

Smíchejte mouku, máslo, 100 g cukru a kakao, dokud nezískáte konzistenci písku. Poté přidávejte vodu, dokud nezískáte těsto, které se nelepí na ruce. Formu vyložte, nalijte krém a pečte při 170 °C 20 minut.

Nebo ohřejte mléko. Mezitím ušlehejte žloutky a zbylý cukr, dokud nejsou lehce bledé. Poté přidáme kukuřičný škrob a smícháme s mlékem. Za stálého míchání zahříváme do zhoustnutí. Přidejte citronovou šťávu a pokračujte v míchání.

Sestavte dort tak, že základnu naplníte krémem. Před podáváním necháme 3 hodiny odpočinout v lednici.

TRIK

Do citronového krému přidejte pár lístků máty, aby dort získal dokonalou svěžest.

VYŠETŘOVÁNÍ

INGREDIENCE

500 g sýra mascarpone

120 g cukru

1 balíček sušenek ladyfingers

6 vajec

Amaretto (nebo pražený rum)

1 velká sklenice s kávovarem (slazená podle chuti)

kakaový prášek

Sůl

ZAMĚSTNANOST

Oddělte bílky a žloutky. Přidejte žloutky a přidejte polovinu cukru a sýr mascarpone. Úder s obklopujícími pohyby a pažbou. Bílky vyšlehejte na sníh (nebo sníh) se špetkou soli. Když jsou téměř sestavené, přidejte druhou polovinu cukru a dokončete montáž. Jemným obalujícím pohybem smíchejte žloutky a bílky.

Sušenky namočte z obou stran do kávy a alkoholu (aniž by se příliš namočily) a položte je na dno misky.

Na sušenky potřete vrstvu vajec a smetanového sýra. Soletilla sušenky znovu namočte a položte je na těsto. Dokončíme tvarohovou hmotou a posypeme kakaem.

TRIK

Jezte přes noc nebo nejlépe dva dny po přípravě.

INTXAURSALSA (ořechový krém)

INGREDIENCE

125 g vyloupaných vlašských ořechů

100 g cukru

1 litr mléka

1 malá tyčinka skořice

ZAMĚSTNANOST

Svaříme mléko se skořicí a přidáme cukr a nasekané ořechy.

Vařte 2 hodiny a před podáváním nechte vychladnout.

TRIK

Mělo by mít konzistenci rýžového nákypu.

MERENGUED MLÉKO

INGREDIENCE

175 g cukru

1 litr mléka

1 citronová kůra

1 tyčinka skořice

3 nebo 4 bílky

Mletá skořice

ZAMĚSTNANOST

Zahřejte mléko se skořicí a citronovou kůrou na mírném ohni, dokud se nezačne vařit. Okamžitě přidejte cukr a vařte dalších 5 minut. Rezervujte a dejte vychladit do lednice.

Po vychladnutí ušleháme z bílků tuhý sníh a vmícháme mléko. Podávejte se skořicovým práškem.

TRIK

Pro dokonalou granitu ji dejte do mrazáku a každou hodinu do ní píchejte vidličkou, dokud úplně nezmrzne.

KOČIČÍ JAZYKY

INGREDIENCE

350 g sypké mouky

250 g pomádového másla

250 g moučkového cukru

5 bílků

1 vejce

Vanilka

Sůl

ZAMĚSTNANOST

Do mísy dáme máslo, moučkový cukr, špetku soli a trochu vanilkové esence. Dobře prošlehejte a přidejte vejce. Pokračujte ve šlehání a po jednom přidávejte bílky. Přidejte mouku najednou bez velkého míchání.

Krém vložte do návleku s hladkou špičkou a vytvořte proužky asi 10 cm. Plechem poklepejte na stůl, aby se těsto rozprostřelo, a pečte při 200ºC dozlatova.

TRIK

Přidejte do těsta 1 polévkovou lžíci kokosového prášku a vytvořte různé kočičí jazýčky.

ORANŽOVÉ ČEPICE

INGREDIENCE

220 g mouky

200 g cukru

4 vejce

1 malý pomeranč

1 na chemické kvasinky

Mletá skořice

220 g slunečnicového oleje

ZAMĚSTNANOST

Vejce smícháme s cukrem, skořicí a pomerančovou kůrou a šťávou.

Přidejte olej a promíchejte. Přidáme prosátou mouku a kvásek. Tuto směs nechte 15 minut odležet a nalijte do formiček na košíčky.

Předehřejte troubu na 200 stupňů a pečte 15 minut, dokud nebudou upečené.

TRIK

Do těsta můžete přidat čokoládové lupínky.

PEČENÁ JABLKA S PORTSKÝM

INGREDIENCE

80 g másla (na 4 kusy)

8 lžic portského vína

4 lžíce cukru

4 pipinová jablka

ZAMĚSTNANOST

Rozložte jablka. Naplňte cukrem a navrch dejte máslo.

Pečeme 30 minut při 175 ºC. Po uplynutí této doby každé jablko pokapeme 2 lžícemi portského vína a pečeme dalších 15 minut.

TRIK

Podávejte teplé s kopečkem vanilkové zmrzliny a pokapejte šťávou, kterou pustí.

VAŘENÉ MARINGO

INGREDIENCE

400 g krupicového cukru

100 g moučkového cukru

¼ litru vaječných bílků

kapky citronové šťávy

ZAMĚSTNANOST

Bílky s citronovou šťávou a cukrem ušlehejte ve vodní lázni, dokud se dobře nespojí. Sundejte z plotny a pokračujte ve šlehání (pusinky ztrácejí teplotu, zhoustnou).

Přidejte moučkový cukr a pokračujte v šlehání, dokud pusinky úplně nevychladnou.

TRIK

Lze jím pokrýt dorty a vyrobit ozdoby. Teplota není vyšší než 60 ºC, aby bílek neztuhl.

KRAUTIŠKA

INGREDIENCE

170 g cukru

1 litr mléka

1 polévková lžíce kukuřičného škrobu

8 žloutků

1 citronová kůra

Skořice

ZAMĚSTNANOST

Mléko svaříme s citronovou kůrou a polovinou cukru. Jakmile se vaří, přikryjeme a necháme od tepla odpočinout.

V samostatné misce vyšleháme žloutky se zbylým cukrem a kukuřičným škrobem. Přidejte čtvrtinu převařeného mléka a pokračujte v míchání.

Do zbylého mléka přidáme žloutkovou směs a za stáleho míchání povaříme.

Po prvním varu šlehejte 15 sekund metličkou. Odstraňte z ohně a pokračujte ve šlehání dalších 30 sekund. Scedíme a necháme vychladnout. Posypeme skořicí.

TRIK

Na výrobu ochuceného krému - čokoláda, drcené sušenky, káva, strouhaný kokos atd. - stačí sundat z ohně a za tepla vmíchat požadovanou příchuť.

FIALOVÉ CANDY PANNA COTTA

INGREDIENCE

150 g cukru

100 g fialových bonbónů

½ l smetany

½ litru mléka

9 plátků želatiny

ZAMĚSTNANOST

Plátky želatiny otřete ze studené vody.

Smetanu, mléko, cukr a karamely zahřejte v hrnci, dokud se nerozpustí.

Odstraňte z ohně, přidejte želatinu a míchejte, dokud se úplně nerozpustí.

Nalijte do formiček a dejte chladit alespoň na 5 hodin.

TRIK

Tento recept můžete obměňovat přimícháním kávových bonbónů, karamelu atd.

CITRUSOVÉ COOKIES

INGREDIENCE

220 g měkkého másla

170 g mouky

55 g moučkového cukru

35 g kukuřičného škrobu

5 g pomerančové kůry

5 g citronové kůry

2 lžíce pomerančové šťávy

1 polévková lžíce citronové šťávy

1 vaječný bílek

Vanilka

ZAMĚSTNANOST

Velmi pomalu smíchejte máslo, bílek, pomerančovou šťávu, citronovou šťávu, citrusovou kůru a špetku vanilkové esence. Promícháme a přidáme prosátou mouku a kukuřičný škrob.

Těsto dejte do sáčku a na pečicí papír nakreslete kolečka o průměru 7 cm. Pečte 15 minut při 175 ºC.

Sušenky posypeme moučkovým cukrem.

TRIK

Do těsta přidejte mletý hřebíček a zázvor. Výsledek je výborný.

MANGO PASTA

INGREDIENCE

550 g sypké mouky

400 g měkkého másla

200 g moučkového cukru

125 g mléka

2 vejce

Vanilka

Sůl

ZAMĚSTNANOST

Smíchejte mouku, cukr, špetku soli a další vanilkovou esenci. Jedno po druhém zašlehejte ne příliš studená vejce. Rozšleháme s trochou teplého mléka a přidáme prosátou mouku.

Vložte těsto do sáčku s kulmou a trochu nandejte na pergamenový papír. Pečeme při 180ºC 10 min.

TRIK

Můžete přidat granulované mandle, posypat čokoládou nebo zvenku nalepit třešně.

JOGURTOVÝ DORT

INGREDIENCE

375 g mouky

250 g přírodního jogurtu

250 g cukru

1 balíček chemických kvasnic

5 vajec

1 malý pomeranč

1 citron

125 g slunečnicového oleje

ZAMĚSTNANOST

Vejce a cukr šlehejte mixérem po dobu 5 minut. Smíchejte s jogurtem, olejem, kůrou a citrusovou šťávou.

Mouku a droždí prosejeme a smícháme s jogurtem.

Pánev vymastíme a vysypeme moukou. Nalijte těsto a pečte při 165 ºC asi 35 minut.

TRIK

Použijte ochucené jogurty k výrobě různých sušenek.

ROZMARÝNOVÝ BANÁNOVÝ KOMPOT

INGREDIENCE

30 g másla

1 snítka rozmarýnu

2 banány

ZAMĚSTNANOST

Banány oloupeme a nakrájíme.

Dejte je do hrnce, přikryjte a na velmi mírném ohni vařte s máslem a rozmarýnem, dokud není banán jako kompot.

TRIK

Tento kompot je vhodný jak na vepřové kotlety, tak na čokoládovou sušenku. Během vaření můžete přidat 1 lžíci cukru, aby bylo sladší.

ZAHRADA

INGREDIENCE

100 g hnědého cukru

100 g bílého cukru

400 cl smetany

300 cl mléka

6 žloutků

1 vanilkový lusk

ZAMĚSTNANOST

Otevřete vanilkový lusk a vyjměte semínka.

V míse ušlehejte mléko s bílým cukrem, žloutky, smetanou a vanilkovým luskem. Touto směsí plníme jednotlivé formičky.

Troubu rozehřejeme na 100 stupňů a pečeme ve vodní lázni 90 minut. Po vychladnutí posypte hnědým cukrem a vypalte hořákem (nebo předehřejte troubu na maximum na režim grilu a vařte, dokud se cukr mírně nespálí).

TRIK

Přidejte 1 polévkovou lžíci instantního kakaa do smetany nebo mléka pro lahodné kakaové brûlée.

CIKÁNSKÁ RUKA ZALOŽENÁ GREETINIM

INGREDIENCE

250 g čokolády

125 g cukru

½ l smetany

Sušenky Soletilla (viz sekce "Dezerty")

ZAMĚSTNANOST

Udělejte soletillu sušenku. Naplníme šlehačkou a přetočíme.

V hrnci svařte cukr spolu se 125 g vody. Přidejte čokoládu, bez přestání 3 minuty rozpouštějte a rolku s ní přiklopte. Před podáváním nechte odpočinout.

TRIK

Abyste si vychutnali ještě plnější a chutnější dezert, přidejte do krému malé kousky sirupového ovoce.

EGG FLAN

INGREDIENCE

200 g cukru

1 litr mléka

8 vajec

ZAMĚSTNANOST

Vařte na mírném ohni a bez míchání karamelu s cukrem. Když zhnědne, sundejte z plotny. Rozdělte na jednotlivé panely nebo do libovolného tvaru.

Mléko a vejce ušleháme, aby nevznikla pěna. Pokud se objeví před vložením do forem, zcela jej vyjměte.

Nalijte na karamel a pečte při 165ºC asi 45 minut, nebo dokud jehla nevyjde čistá.

TRIK

Podle stejného receptu se připravuje vynikající pudink. Stačí do směsi přimíchat croissanty, housky, sušenky, které vám zbyly z předchozího dne....

CAVA ŽELÉ S JAHODAMI

INGREDIENCE

500 g cukru

150 g jahod

1 láhev cava

½ balení želatinových plátků

ZAMĚSTNANOST

Zahřejte cavu a cukr v hrnci. Želatinu, předem namočenou ve studené vodě, stáhněte z ohně.

Podávejte ve sklenicích na martini s jahodami a chlaďte do ztuhnutí.

TRIK

Může být také s jakýmkoli sladkým vínem a červeným ovocem.

FRITTERS

INGREDIENCE

150 g mouky

30 g másla

250 ml mléka

4 vejce

1 citron

ZAMĚSTNANOST

Mléko a máslo svaříme spolu s citronovou kůrou. Když se vaří, odstraňte kůži a ihned přidejte mouku. Vypněte zdroj tepla a míchejte po dobu 30 sekund.

Dejte zpět na oheň a míchejte další minutu, dokud se těsto nelepí na stěny pánve.

Těsto nalijte do mísy a po jednom přidávejte vejce (další nepřidávejte, dokud se předchozí dobře nepromísí s těstem).

Pomocí cukrářského sáčku nebo 2 lžic opékejte placičky po malých porcích

TRIK

Může se plnit krémem, smetanou, čokoládou atd.

SAN JUAN COCA

INGREDIENCE

350 g mouky

100 g másla

40 g piniových oříšků

250 ml mléka

1 balíček prášku do pečiva

1 citronová kůra

3 vejce

cukr

Sůl

ZAMĚSTNANOST

Prosejeme mouku a droždí. Smíchejte a vytvořte sopku. Doprostřed přidejte kůru, 110 g cukru, máslo, mléko, vejce a špetku soli. Dobře hněteme, dokud se těsto nelepí na ruce.

Vyválejte, dokud nebude obdélníkový a tenký. Vložíme na plech na pečicí papír a necháme 30 minut kynout.

Potřeme kokosovým vejcem, posypeme piniovými oříšky a 1 lžící cukru. Pečeme při 200 ºC asi 25 minut.

BOLOŇSKÁ OMÁČKA

INGREDIENCE

600 g šťouchaných rajčat

500 g mletého hovězího masa

1 sklenice červeného vína

3 mrkve

2 celerové tyčinky (volitelně)

2 stroužky česneku

1 cibule

oregano

cukr

Olivový olej

Sůl a pepř

ZAMĚSTNANOST

Cibuli, česnek, celerové tyčinky a mrkev nakrájíme nadrobno. Omastíme a když je zelenina měkká, přidáme maso.

Dochutíme a podlijeme vínem, až zmizí růžová barva masa. Nechte 3 minuty na vysoké teplotě.

Přidejte nakrájená rajčata a vařte na mírném ohni 1 hodinu. Na závěr dochutíme solí a cukrem a podle chuti přidáme oregano.

TRIK

Bolognese je vždy spojena s těstovinami, ale je vynikající s rýžovým pilafem.

BÍLÝ VÝvar (KUŘECÍ NEBO TELECÍ)

INGREDIENCE

1 kg hovězí nebo kuřecí kosti

1 dl bílého vína

1 tyčinka celeru

1 snítka tymiánu

2 hřebíčky

1 bobkový list

1 čistý pár

1 čistá mrkev

½ cibule

15 černý pepř

ZAMĚSTNANOST

Všechny ingredience dejte do hrnce. Podlijeme vodou a vaříme na středním plameni. Když se začne vařit, slijeme. Vařte 4 hodiny.

Přecedíme přes chinois a přendáme do jiné nádoby. Ihned uložte do lednice.

TRIK

Před použitím nesolte, protože se snadněji kazí. Používá se jako základ do omáček, polévek, rýžových pokrmů, dušených pokrmů atd.

ulita RAJČOVÁ

INGREDIENCE

1 kg rajčat

120 g cibule

2 stroužky česneku

1 snítka rozmarýnu

1 snítka tymiánu

cukr

1 dl olivového oleje

Sůl

ZAMĚSTNANOST

Cibuli a česnek nakrájíme na malé kousky. Na pánvi pomalu dusíme 10 minut.

Nakrájejte rajčata a přidejte je do pánve s bylinkami. Vařte, dokud rajčata neztratí veškerou vodu.

Dochutíme solí a v případě potřeby přidáme rektifikovaný cukr.

TRIK

Dá se připravit předem a uchovat ve vzduchotěsné nádobě v lednici.

ROBERTOVA OMÁČKA

INGREDIENCE

200 g jarní cibulky

100 g másla

½ l hovězího vývaru

¼ litru bílého vína

1 polévková lžíce mouky

1 lžíce hořčice

Sůl a pepř

ZAMĚSTNANOST

Na másle zpěníme cibuli nakrájenou na malé kousky. Přidejte mouku a pomalu vařte 5 minut.

Zvyšte plamen, přilijte víno a za stálého míchání nechte zredukovat na polovinu.

Přidejte vývar a vařte dalších 5 minut. Sundejte z ohně, vmíchejte hořčici a dochuťte solí a pepřem.

TRIK

Ideální s vepřovým masem.

RŮŽOVÁ OMÁČKA

INGREDIENCE

250 g majonézové omáčky (viz část "Vývary a omáčky")

2 lžíce kečupu

2 lžíce brandy

½ pomerančového džusu

Tabasco

Sůl a pepř

ZAMĚSTNANOST

Smícháme majonézu, kečup, brandy, šťávu, špetku tabasca, sůl a pepř. Dobře prošlehejte, dokud nezískáte homogenní omáčku.

TRIK

Aby byla omáčka hladší, přidejte ½ lžíce hořčice a 2 lžíce husté smetany.

PROPAGACE RYB

INGREDIENCE

500 g bílých rybích kostí nebo hlav

1 dl bílého vína

1 snítka petrželky

1 pár

½ malé cibule

5 kuliček pepře

ZAMĚSTNANOST

Všechny ingredience dejte do hrnce a zalijte 1 litrem studené vody. Vařte na středním plameni 20 minut bez odstředění.

Sceďte, přendejte do jiné nádoby a rychle ochlaďte.

TRIK

Před použitím nesolte, protože se snadněji kazí. Patří sem omáčky, rýžové pokrmy, polévky atd.

NĚMECKÁ OMÁČKA

INGREDIENCE

35 g másla

35 g mouky

2 žloutky

½ l vývaru (ryby, maso, drůbež atd.)

Sůl

ZAMĚSTNANOST

Smažte mouku na másle na mírném ohni po dobu 5 minut. Ihned přilijte vývar a za stálého šlehání vařte na středním plameni dalších 15 minut. Upravte sůl.

Sundejte z plotny a za stálého šlehání přidejte žloutky.

TRIK

Nepřehřívejte, aby žloutky neztuhly.

STATEČNÁ OMÁČKA

INGREDIENCE

750 g smažených rajčat

1 malá sklenka bílého vína

3 lžíce octa

10 syrových mandlí

10 chilli papriček

5 plátků chleba

3 stroužky česneku

1 cibule

cukr

Olivový olej

Sůl

ZAMĚSTNANOST

Na pánvi orestujte všechen česnek. Odebrat a rezervovat. Na stejném oleji orestujte mandle. Odebrat a rezervovat. Na stejné pánvi opečte chléb. Odebrat a rezervovat.

Na stejném oleji zpěníme nakrájenou cibuli spolu s chilli. Když je uvařená, navlhčete ji octem a sklenkou vína. Nechte 3 minuty na vysoké teplotě.

Přidejte rajče, česnek, mandle a chléb. Vařte 5 minut, promíchejte a v případě potřeby přidejte sůl a cukr.

TRIK

Lze jej zmrazit v jednotlivých formách na led a používat pouze podle potřeby.

Tmavý vývar (kuřecí NEBO HOVĚZÍ)

INGREDIENCE

5 kg hovězí nebo kuřecí kosti

500 g rajčat

250 g mrkve

250 g pórku

125 g cibule

½ litru červeného vína

5 litrů studené vody

1 pio snítka

3 bobkové listy

2 snítky tymiánu

2 snítky rozmarýnu

15 paprik

ZAMĚSTNANOST

Kostky pečte při 185 °C, dokud lehce nezhnědnou. Do stejného tácu dejte očištěnou a středně velkou zeleninu. Nechte zeleninu zhnědnout.

Kosti a zeleninu dejte do velkého hrnce. Přidejte víno a bylinky, přidejte vodu. Vařte 6 hodin na mírném ohni, občas podlijte. Scedíme a necháme vychladnout.

TRIK

Používá se v mnoha omáčkách, dušených pokrmech, rýžových pokrmech, polévkách atd. základ. Když vývar vychladne, tuk zůstane nahoře zmrzlý. To usnadňuje odstranění.

PICON MOJO

INGREDIENCE

8 lžic octa

2 lžičky semínek kmínu

2 lžičky papriky

2 hlavy česneku

3 kajenské papriky

30 lžic oleje

hrubá sůl

ZAMĚSTNANOST

Všechny pevné ingredience kromě papriky rozdrťte v hmoždíři a paličkou, dokud nezískáte pastu.

Přidejte papriku a pokračujte ve šťouchání. Postupně přidávejte tekutiny, dokud nezískáte homogenní a emulgovanou omáčku.

TRIK

Ideální ke slavným vrásčitým bramborám, stejně jako ke grilovaným rybám.

PESTO OMÁČKA

INGREDIENCE

100 g piniových oříšků

100 g parmezánu

1 svazek čerstvé bazalky

1 stroužek česneku

jemný olivový olej

ZAMĚSTNANOST

Rozemlejte všechny ingredience, aniž byste je nechali příliš homogenní, abyste si všimli křupnutí piniových oříšků.

TRIK

Vlašské ořechy můžete nahradit piniovými oříšky a bazalku čerstvou rukolou. Nejprve se to provádí pomocí malty.

SLADKOKYSLÁ OMÁČKA

INGREDIENCE

100 g cukru

100 ml octa

50 ml sójové omáčky

1 citronová kůra

1 pomerančová kůra

ZAMĚSTNANOST

Cukr, ocet, sójovou omáčku a citrusovou kůru vařte 10 minut. Před použitím nechte vychladnout.

TRIK

Je to skvělý doplněk k jarním závitkům.

ZELENÉ MOJITO

INGREDIENCE

8 lžic octa

2 lžičky semínek kmínu

4 kuličky zeleného pepře

2 hlavy česneku

1 svazek petrželky nebo koriandru

30 lžic oleje

hrubá sůl

ZAMĚSTNANOST

Smíchejte všechny pevné ingredience, dokud nezískáte pastu.

Postupně přidávejte tekutiny, dokud nezískáte homogenní a emulgovanou omáčku.

TRIK

Dá se bez problémů skladovat přikryté igelitem, pár dní vychlazené v lednici.

BESAMELOVÁ OMÁČKA

INGREDIENCE

85 g másla

85 g mouky

1 litr mléka

Muškátový oříšek

Sůl a pepř

ZAMĚSTNANOST

V hrnci rozpustíme máslo, přidáme mouku a na mírném ohni za stálého míchání vaříme 10 minut.

Ihned zalijeme mlékem a vaříme dalších 20 minut. Pokračujte v míchání. Dochuťte solí, pepřem a muškátovým oříškem.

TRIK

Aby nevznikly hrudky, vařte mouku s máslem na mírném ohni za stálého šlehání, dokud nebude směs téměř tekutá.

MYSLIVECKÁ OMÁČKA

INGREDIENCE

200 g hub

200 g rajčatové omáčky

125 g másla

½ l hovězího vývaru

¼ litru bílého vína

1 polévková lžíce mouky

1 jarní cibulka

Sůl a pepř

ZAMĚSTNANOST

Nadrobno nakrájenou cibuli smažíme na másle na středním plameni 5 minut.

Přidejte očištěné a na čtvrtky nakrájené houby a zvyšte plamen. Vařte dalších 5 minut, dokud nezmizí voda. Přidejte mouku a za stálého míchání vařte dalších 5 minut.

Zalijeme vínem a necháme zredukovat. Přidejte rajčatovou omáčku a masový vývar. Vařte dalších 5 minut.

TRIK

Necháme v lednici a navrch naneseme světlý film másla, aby se na povrchu neudělala kůrka.

AIOLI OMÁČKA

INGREDIENCE

6 stroužků česneku

Ocet

½ l světlého olivového oleje

Sůl

ZAMĚSTNANOST

Rozdrťte česnek se solí v tloučku a hmoždíři, dokud nezískáte pastu.

Postupně přidávejte olej za stálého míchání paličkou a hmoždířem, dokud nezískáte hustou omáčku. Do omáčky přidejte špetku octa.

TRIK

Přidáme-li při mletí česneku 1 žloutek, je příprava omáčky snazší.

AMERICKÁ OMÁČKA

INGREDIENCE

150 g raka

250 g krevet a jatečně upravených těl a hlav krevet

250 g zralých rajčat

250 g cibule

100 g másla

50 g mrkve

50 g pórku

½ l rybího vývaru

1 dl bílého vína

½ dl brandy

1 polévková lžíce mouky

Úroveň 1 lžička pálivé papriky

1 snítka tymiánu

Sůl

ZAMĚSTNANOST

Zeleninu kromě rajčat orestujeme na malé kousky na másle. Poté orestujte pepř a mouku.

Orestujte kraby a hlavy zbylých korýšů a flambujte brandy. Zarezervujte si krabí ocasy a rozemlejte jatečně upravená těla fumetem. Dvakrát až třikrát sceďte, dokud nezůstanou plevy.

K zelenině přidejte fumet, víno, nakrájená rajčata a tymián. Vařte 40 minut, rozmačkejte a rozmačkejte se solí.

TRIK

Skvělá omáčka k plněným paprikám, ďasům nebo rybím koláčům.

DAWN OMÁČKA

INGREDIENCE

45 g másla

½ l omáčky velouté (viz část "Vývary a omáčky")

3 lžíce rajčatové omáčky

ZAMĚSTNANOST

Veluté omáčku provaříme, přidáme po lžících rajčata a metličkou prošleháme.

Odstraňte z ohně, přidejte máslo a pokračujte v míchání, dokud se dobře nespojí.

TRIK

Tuto omáčku použijte na sázená vejce.

GRILOVACÍ OMÁČKA

INGREDIENCE

1 plechovka koksu

1 šálek rajčatové omáčky

1 hrnek kečupu

½ sklenice octa

1 lžička oregana

1 lžička tymiánu

1 lžička kmínu

1 stroužek česneku

1 nasekaný kajenský pepř

½ cibule

Olivový olej

Sůl a pepř

ZAMĚSTNANOST

Cibuli a česnek nakrájíme na drobno a orestujeme na trošce oleje. Když jsou měkké, přidejte rajče, kečup a ocet.

Vařte 3 min. Přidejte kajenský pepř a koření. Promíchejte, přidejte Coca-Colu a vařte, dokud nezůstane hustá textura.

TRIK

Je to skvělý dip ke kuřecím křidélkům. Lze jej zmrazit v jednotlivých formách na led a používat pouze podle potřeby.

BEARNAISOVÁ OMÁČKA

INGREDIENCE

250 g přepuštěného másla

1 dl estragonového octa

1 dl bílého vína

3 žloutky

1 šalotka (nebo ½ malé cibule)

Estragon

Sůl a pepř

ZAMĚSTNANOST

Šalotku nakrájenou na malé kousky prohřejeme v hrnci spolu s octem a vínem. Nechte redukovat, dokud nebudete mít asi 1 polévkovou lžíci.

Osolené žloutky dejte do lázně. Přidejte vinno-octovou redukci a 2 lžíce studené vody, dokud nezdvojnásobí objem.

Za stálého šlehání postupně přilévejte rozpuštěné máslo do žloutků. Přidejte trochu drceného estragonu a udržujte ve vodní lázni při teplotě ne vyšší než 50ºC.

TRIK

Je důležité udržovat tuto omáčku ve vodní lázni na mírném ohni, aby se nesrazila.

CARBONARA OMÁČKA

INGREDIENCE

200 g slaniny

200 g smetany

150 g parmezánu

1 střední cibule

3 žloutky

Sůl a pepř

ZAMĚSTNANOST

Osmahneme cibuli nakrájenou na malé kostičky. Když je opečené, přidáme slaninu nakrájenou na tenké nudličky a necháme na ohni, dokud nezezlátne.

Poté zalijeme smetanou, dochutíme solí a pepřem a zvolna vaříme 20 minut.

Stáhneme z ohně, přidáme nastrouhaný sýr, žloutky a promícháme.

TRIK

Pokud vám zbyde na jinou příležitost, po ohřátí to udělejte na mírném ohni a ne moc dlouho, aby vajíčko neztuhlo.

OMÁČKA CHARCUTERA

INGREDIENCE

200 g jarní cibulky

100 g nakládaných okurek

100 g másla

½ l hovězího vývaru

125 cl bílého vína

125 cl octa

1 lžíce hořčice

1 polévková lžíce mouky

Sůl a pepř

ZAMĚSTNANOST

Na másle zpěníme nakrájenou cibuli. Přidejte mouku a pomalu vařte 5 minut.

Zvyšte plamen a zalijte vínem, octem a za stálého míchání nechte zredukovat na polovinu.

Zalijeme vývarem, kyselou okurkou a vaříme dalších 5 minut. Sundejte z ohně a přidejte hořčici. Sezóna.

TRIK

Tato omáčka je ideální k tučnému masu.

CUMBERLANDSKÁ OMÁČKA

INGREDIENCE

150 g rybízové marmelády

½ dl port

1 sklenice tmavého masového vývaru (viz část Vývary a omáčky)

1 čajová lžička zázvorového prášku

1 lžíce hořčice

1 šalotka

½ pomerančové kůry

½ citronové kůry

½ pomerančového džusu

½ citronové šťávy

Sůl a pepř

ZAMĚSTNANOST

Kůry z pomerančů a citronů nastrouháme najemno. Vařte ve studené vodě a vařte 10 sekund. Opakujte operaci 2krát. Sceďte a vychlaďte.

Šalotku nakrájíme nadrobno a za stálého míchání 1 minutu vaříme s marmeládou z červeného rybízu, portským, vývarem, citrusovou kůrou a šťávou, hořčicí, zázvorem, solí a pepřem. Nechte vychladnout.

TRIK

Je to výborná omáčka k paštikám nebo pokrmům ze zvěřiny.

KARI OMÁČKA

INGREDIENCE

200 g cibule

2 lžíce mouky

2 lžíce kari

3 stroužky česneku

2 velká rajčata

1 snítka tymiánu

1 bobkový list

1 láhev kokosového mléka

1 jablko

1 banán

Olivový olej

Sůl

ZAMĚSTNANOST

Na oleji orestujeme česnek a cibuli nakrájenou na malé kousky. Přidejte kari a opékejte 3 minuty. Přidejte mouku a za stálého míchání vařte dalších 5 minut.

Přidejte na čtvrtky nakrájená rajčata, bylinky a kokosové mléko. Vařte 30 minut na mírném ohni. Přidejte oloupané a na kostičky nakrájené jablko a banán a vařte dalších 5 minut. Rozdrťte sůl, filtrujte a upravte.

TRIK

Aby byla tato omáčka méně kalorická, snižte množství kokosového mléka na polovinu a nahraďte je kuřecím vývarem.

ČESNEKOVÁ OMÁČKA

INGREDIENCE

250 ml smetany

10 stroužků česneku

Sůl a pepř

ZAMĚSTNANOST

Česnek 3x spaříme ve studené vodě. Provaříme, scedíme a znovu povaříme se studenou vodou. Opakujte tuto operaci 3krát.

Když zbělá, vaříme 25 minut spolu se smetanou. Nakonec dochutíme solí a pepřem.

TRIK

Ne všechny krémy jsou si rovné. Pokud je příliš husté, přidejte trochu smetany a ještě 5 minut povařte. Pokud je naopak hodně tekuté, vařte déle. Perfektní s rybami.

HROZNOVÁ OMÁČKA

INGREDIENCE

200 g ostružin

25 g cukru

250 ml španělské omáčky (viz část "Vývary a omáčky")

100 ml sladkého vína

2 lžíce octa

1 lžíce másla

Sůl a pepř

ZAMĚSTNANOST

Na mírném ohni připravte karamel s cukrem. Přidejte ocet, víno, ostružiny a vařte 15 minut.

Zalijte španělskou omáčkou. Dochuťte solí a pepřem, promíchejte, přefiltrujte a provařte spolu s máslem.

TRIK

To je skvělá omáčka ke zvěřině.

JOMOČNÁ OMÁČKA

INGREDIENCE

250 ml smetany

1 láhev cideru

1 cuketa

1 mrkev

1 pár

Sůl

ZAMĚSTNANOST

Zeleninu nakrájíme na kostičky a dusíme 3 minuty na prudkém ohni. Nalijte cider a nechte 5 minut.

Přidejte smetanu, sůl a vařte dalších 15 minut.

TRIK

Skvělá příloha ke grilovanému cejnímu hřbetu nebo kousku lososa.

KEČUP

INGREDIENCE

1 ½ kg zralých rajčat

250 g cibule

1 sklenka bílého vína

1 šunková kost

2 stroužky česneku

1 velká mrkev

čerstvý tymián

čerstvý rozmarýn

Cukr (volitelné)

Sůl

ZAMĚSTNANOST

Cibuli, česnek a mrkev nakrájíme na nudličky julienne a smažíme na středním plameni. Když je zelenina měkká, přidáme kost a zalijeme vínem. Zvedněte oheň.

Přidejte nakrájená rajčata a bylinky. Vařte 30 minut.

Odstraňte kosti a bylinky. Nakrájejte, přeceďte a v případě potřeby odstraňte sůl a cukr.

TRIK

Zmrazujte v jednotlivých formách na led, abyste měli lahodnou domácí rajčatovou omáčku vždy po ruce.

VINNÁ OMÁČKA PEDRO XIMENEZ

INGREDIENCE

35 g másla

250 ml španělské omáčky (viz část "Vývary a omáčky")

75 ml vína Pedro Ximénez

Sůl a pepř

ZAMĚSTNANOST

Zahřívejte víno po dobu 5 minut na středním plameni. Přidejte španělskou omáčku a vařte dalších 5 minut.

Pro zahuštění a dodání lesku stáhněte plamen a zašlehejte na kostky nakrájené studené máslo. Sezóna.

TRIK

Může být vyroben s jakýmkoli sladkým vínem, například portským.

KRÉMOVÁ OMÁČKA

INGREDIENCE

½ l bešamelové omáčky (viz část "Vývary a omáčky")

200 cl smetany

½ citronové šťávy

ZAMĚSTNANOST

Uvaříme bešamel a zalijeme smetanou. Vařte, dokud nebudete mít asi 400 cl omáčky.

Odstraňte z ohně a přidejte citronovou šťávu.

TRIK

Ideální ke zapékání, rybám a plněné vaječné omáčce.

MAJONÉZOVÁ OMÁČKA

INGREDIENCE

2 vejce

½ citronové šťávy

½ l světlého olivového oleje

Sůl a pepř

ZAMĚSTNANOST

Do mixovací sklenice přidejte vejce a citronovou šťávu.

Šlehejte mixérem 5 za postupného přidávání oleje bez zastavení. Dochuťte solí a pepřem.

TRIK

Přidejte 1 polévkovou lžíci horké vody do nádoby mixéru se zbytkem ingrediencí, aby se neroztrhla.

JOGURTOVÁ A KAPSOVÁ OMÁČKA

INGREDIENCE

20 g cibule

75 ml majonézové omáčky (viz část "Vývary a omáčky")

1 polévková lžíce medu

2 jogurty

Kopr

Sůl

ZAMĚSTNANOST

Smíchejte všechny ingredience kromě kopru, dokud nezískáte hladkou omáčku.

Kopr nasekáme nadrobno a přidáme do omáčky. Odstraňte a opravte sůl.

TRIK

Perfektní s opečenými bramborami nebo jehněčím masem.

ČERTOVA OMÁČKA

INGREDIENCE

100 g másla

½ l hovězího vývaru

3 dl bílého vína

1 jarní cibulka

2 papriky

Sůl

ZAMĚSTNANOST

Cibuli nakrájíme na drobno a při vysoké teplotě orestujeme. Přidejte chilli, zalijte vínem a nechte zredukovat na polovinu.

Zvlhčíme vývarem, povaříme dalších 5 minut a osolíme a okořeníme.

Z ohně přidejte velmi studené máslo a míchejte metličkou do zhoustnutí a lesku.

TRIK

Tuto omáčku lze připravit i se sladkým vínem. Výsledek je výjimečný.

ŠPANĚLSKÁ OMÁČKA

INGREDIENCE

30 g másla

30 g mouky

1 l masového vývaru (redukovaného)

Sůl a pepř

ZAMĚSTNANOST

Smažte mouku na másle, dokud nezíská lehce nahnědlý odstín.

Za stálého míchání zalijeme vroucím vývarem. Vařte 5 minut a dochuťte solí a pepřem.

TRIK

Tato omáčka je základem mnoha přípravků. Tomu se v kuchyni říká základní omáčka.

HOLANDSKÁ OMÁČKA

INGREDIENCE

250 g másla

3 žloutky

¼ citronové šťávy

Sůl a pepř

ZAMĚSTNANOST

Rozpusťte máslo.

Vložte žloutky do vodní lázně spolu se špetkou soli, pepře a citronové šťávy a 2 lžícemi studené vody, dokud nezdvojnásobí svůj objem.

Za stálého šlehání postupně přilévejte rozpuštěné máslo do žloutků. Vodní lázeň udržujte při teplotě ne vyšší než 50 ºC.

TRIK

Tato omáčka je úžasná na malých pečených bramborách s uzeným lososem nahoře.

ITALSKÉ ODĚVY

INGREDIENCE

125 g rajčatové omáčky

100 g hub

50 g yorské šunky

50 g jarní cibulky

45 g másla

125 ml španělské omáčky (viz část Vývary a omáčky)

90 ml bílého vína

1 snítka tymiánu

1 snítka rozmarýnu

Sůl a pepř

ZAMĚSTNANOST

Cibuli nakrájíme nadrobno a zpěníme na másle. Když je měkká, zvýšíme teplotu a přidáme nakrájené a očištěné houby. Přidejte na kostičky nakrájenou šunku.

Přidejte víno a bylinky a nechte úplně zredukovat.

Přidejte španělskou omáčku a rajčatovou omáčku. Vařte 10 minut, přidejte sůl a pepř.

TRIK

Ideální na těstoviny a vařená vejce.

PĚNOVÁ OMÁČKA

INGREDIENCE

250 g másla

85 ml šlehačky

3 žloutky

¼ citronové šťávy

Sůl a pepř

ZAMĚSTNANOST

Rozpusťte máslo.

Nalijte žloutky do vany spolu s trochou soli, pepře a citronové šťávy. Přidejte 2 lžíce studené vody, dokud nezdvojnásobí svůj objem. Za stálého šlehání ke žloutkům postupně přidávejte máslo.

Právě v době podávání ušlehejte smetanu a jemnými a obklopujícími pohyby ji vlijte do předchozí hmoty.

TRIK

Vodní lázeň udržujte při teplotě ne vyšší než 50 ºC. Ideální pro ochucení lososa, škeble, chřestu atd.

REMOULÁDOVÁ OMÁČKA

INGREDIENCE

250 g majonézové omáčky (viz část "Vývary a omáčky")

50 g nakládaných okurek

50 g kapar

10 g ančoviček

1 lžička nasekané čerstvé petrželky

ZAMĚSTNANOST

Ančovičky rozmačkejte v třecí misce, dokud nezhoustnou. Kapary a okurky nakrájíme na velmi malé kousky. Přidejte zbytek ingrediencí a promíchejte.

TRIK

Ideální na čertovská vejce.

BIZKAINOVÁ OMÁČKA

INGREDIENCE

500 g cibule

400 g čerstvých rajčat

25 g chleba

3 stroužky česneku

4 papričky chorizo nebo ñora

Cukr (volitelné)

Olivový olej

Sůl

ZAMĚSTNANOST

Namočte ñoras, abyste odstranili dužinu.

Smažte julienne cibuli a česnek na středním ohni v zakryté pánvi po dobu 25 minut.

Přidejte chléb a nakrájená rajčata a pokračujte v pečení dalších 10 minut. Přidejte maso a vařte dalších 10 minut.

Rozmačkejte a v případě potřeby upravte sůl a cukr.

TRIK

I když je to neobvyklé, je to skvělá omáčka k použití se špagetami.

ČERVENÁ OMÁČKA

INGREDIENCE

2 stroužky česneku

1 velké rajče

1 malá cibule

½ malé červené papriky

½ malé zelené papriky

2 sáčky chobotnicového inkoustu

bílé víno

Olivový olej

Sůl

ZAMĚSTNANOST

Zeleninu nakrájíme na malé kousky a zvolna dusíme 30 minut.

Přidejte nastrouhaná rajčata a vařte na středním plameni, dokud se voda neodpaří. Zvyšte teplotu a přidejte sáčky s inkoustem a střik vína. Nechte zredukovat na polovinu.

Promícháme, přefiltrujeme a dochutíme solí.

TRIK

Přidáním trochu více inkoustu po mletí bude omáčka jasnější.

MORNAY OMÁČKA

INGREDIENCE

75 g parmazánu

75 g másla

75 g mouky

1 litr mléka

2 žloutky

Muškátový oříšek

Sůl a pepř

ZAMĚSTNANOST

V hrnci rozpustíme máslo. Přidejte mouku a za stálého míchání vařte na mírném ohni 10 minut.

Najednou zalijeme mlékem a za stálého míchání vaříme dalších 20 minut.

Z ohně přidejte žloutky a sýr a pokračujte v míchání. Dochuťte solí, pepřem a muškátovým oříškem.

TRIK

Toto je dokonalá gratinovaná omáčka. Lze použít jakýkoli druh sýra.

OMÁČKA ROMESCO

INGREDIENCE

100 g octa

80 g pražených mandlí

½ lžičky sladké papriky

2 nebo 3 zralá rajčata

2 papriky

1 malý plátek toastového chleba

1 hlava česneku

1 chilli papričká

250 g extra panenského olivového oleje

Sůl

ZAMĚSTNANOST

Namočte ňoras do horké vody na 30 minut. Odstraňte jeho dužinu a rezervujte.

Troubu rozpálíme na 200 stupňů a orestujeme rajčata a hlavičku česneku (rajčata potřebují asi 15 nebo 20 minut a česnek o něco méně).

Po opečení rajčata očistíme slupku a semínka, česnek jeden po druhém vyjmeme. Vložte do sklenice mixéru spolu s mandlemi, toastem, masem ňora, olejem a octem. Dobře prošlehejte.

Poté přidejte sladkou papriku a špetku feferonky. Znovu prošlehejte a upravte sůl.

TRIK

Omáčku nepřemixujte.

SOUBISE OMÁČKA

INGREDIENCE

100 g másla

85 g mouky

1 litr mléka

1 cibule

Muškátový oříšek

Sůl a pepř

ZAMĚSTNANOST

V hrnci rozpustíme máslo a 25 minut na něm zvolna opékáme cibuli nakrájenou na tenké proužky. Přidejte mouku a za stálého míchání vařte dalších 10 minut

Ihned zalijeme mlékem a za stálého míchání vaříme dalších 20 minut na mírném ohni. Dochuťte solí, pepřem a muškátovým oříškem.

TRIK

Může být podáván tak, jak je, nebo rozmačkaný. Perfektní s cannelloni.

TATARSKÁ OMÁČKA

INGREDIENCE

250 g majonézové omáčky (viz část "Vývary a omáčky")

20 g jarní cibulky

1 lžíce kapar

1 lžíce čerstvé petrželky

1 lžíce hořčice

1 nakládaná okurka

1 vejce natvrdo

Sůl

ZAMĚSTNANOST

Cibuli, kapary, petržel, nakládanou okurku a natvrdo uvařené vejce nakrájíme nadrobno.

Vše promícháme a přidáme majonézu a hořčici. Přidejte špetku soli.

TRIK

Je vynikající přílohou k rybám a uzeninám.

IRSKÉ OMÁČKY

INGREDIENCE

150 g cukru

70 g másla

300 ml smetany

ZAMĚSTNANOST

Máslo a cukr zkaramelizujte bez míchání.

Když karamel zhnědne, stáhněte z ohně a přidejte smetanu. Vařte 2 minuty na vysoké teplotě.

TRIK

Iris můžeme dochutit přidáním 1 snítky rozmarýnu.

ZELENINOVÁ POLÉVKA

INGREDIENCE

250 g mrkve

250 g pórku

250 g rajčat

150 g cibule

150 g tuřínu

100 g celeru

Sůl

ZAMĚSTNANOST

Zeleninu dobře omyjeme a nakrájíme na pravidelné kousky. Vložíme do hrnce a zalijeme studenou vodou.

Vařte na mírném ohni 2 hodiny. Scedíme a dochutíme solí.

TRIK

Z použité zeleniny se dá udělat dobrý krém. Vařte vždy odkryté, aby se chutě lépe koncentrovaly, jak se voda odpařuje.

www.ingramcontent.com/pod-product-compliance
Lightning Source LLC
Chambersburg PA
CBHW071432080526
44587CB00014B/1819